#2주+2주
#쉽게
#빠르게
#재미있게

한자 전략 완성

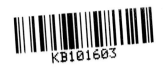

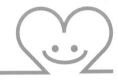

#한자 급수 시험 대비부터 #창의 융합 사고력까지 #지루하지 않게 급수 시험 준비하기

한자 전략 시리즈 구성

1단계~6단계

8급

1단계 A, B

7급 II

2단계 A, B

7급

3단계 A, B

6급 II

4단계 A, B

6급

5단계 A, B

5급 II

6단계 A, B

심화 학습

심화 한자로 익히는
교과 학습 한자어

급수별 배정 한자 수록
한자 쓰기장

실제 시험 대비
모의 평가

쉽게, 빠르게, 재미있게!

부모님과 함께하는 한자 전략

한자의 모양 · 음(소리) · 뜻을 빠짐없이 완벽 습득

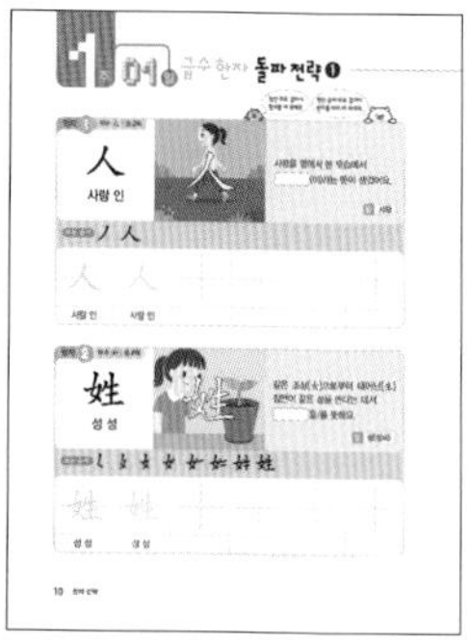

- 한 번에 한자를 떠올릴 수 있게 도와줄 그림과 빈칸 채우기 활동으로 한자를 기억할 수 있도록 지도해 주세요.
- 다양한 문제를 풀며 반복 학습을 할 수 있게 해 주세요.

뜻부터 활용까지 알찬 한자어 학습

- 한자어와 관련된 그림을 보며 한자어의 의미를 떠올리도록 지도해 주세요.
- 한자어가 활용된 문장을 함께 읽으며 생활 속 어휘 실력을 키워 주세요.

기출 유형부터 창의력 UP 신유형 문제까지!

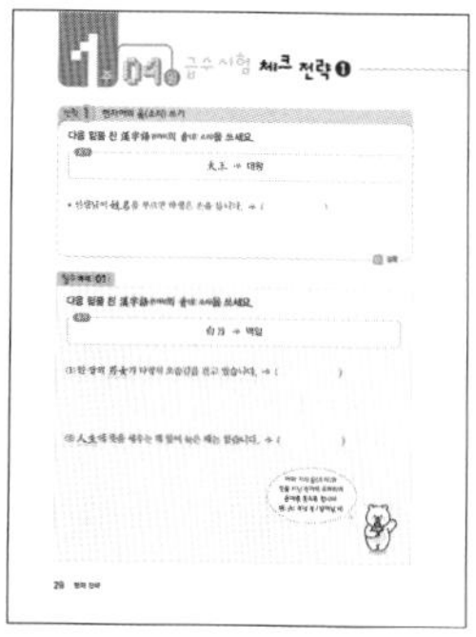

- 다양한 급수 시험 유형 문제를 통해 효율적으로 시험을 대비할 수 있도록 지도해 주세요.
- 만화, 창의·융합·코딩, 신유형·신경향·서술형 문제를 풀며 재미있게 공부하도록 이끌어 주세요.

Chunjae
Makes
Chunjae

▼

[한자 전략]

편집개발	기선민, 김경남
디자인총괄	김희정
표지디자인	윤순미, 김주은
내지디자인	박희춘, 유보경
삽화	정경란, 장순이, 장현아, 배성훈, 권나영
제작	황성진, 조규영

발행일	2023년 3월 1일 초판 2023년 3월 1일 1쇄
발행인	(주)천재교육
주소	서울시 금천구 가산로9길 54
신고번호	제2001-000018호
고객센터	1577-0902

한자 전략

2단계 A 7급 Ⅱ ①

전편

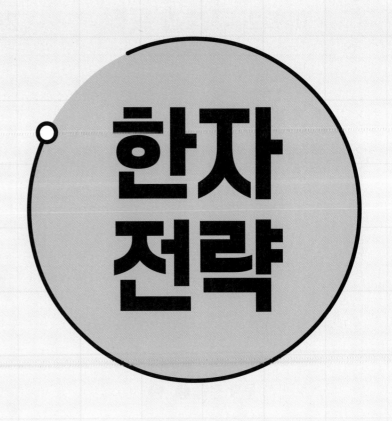

이 책의 **구성과 특징** — 2주 + 2주 완성

주 도입 **만화**

재미있는 만화를 보면서 한 주에 학습할 한자를 미리 만나 볼 수 있습니다.

급수 한자 **돌파 전략 ❶, ❷**

급수 한자 돌파 전략 ❶에서는 주제별로 뽑은 급수 한자의 모양·음(소리)·뜻을 학습합니다.

급수 한자 돌파 전략 ❷에서는 문제를 풀며 학습 내용을 확인합니다.

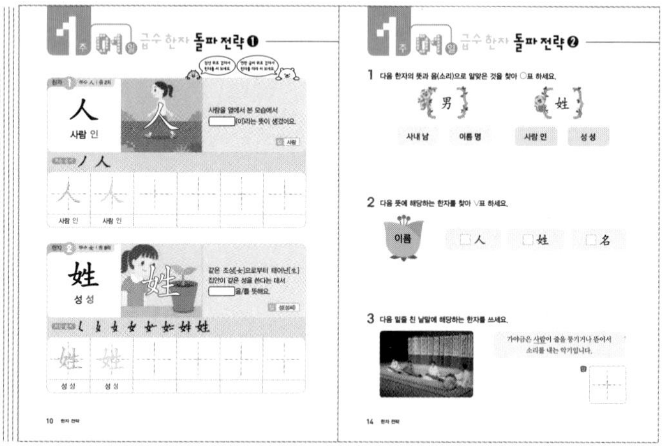

급수 한자어 **대표 전략 ❶, ❷**

급수 한자어 대표 전략 ❶에서는 1, 2일차에서 학습한 한자가 포함된 대표 한자어를 학습합니다.

급수 한자어 대표 전략 ❷에서는 문제를 풀며 한자어의 뜻과 활용을 복습합니다.

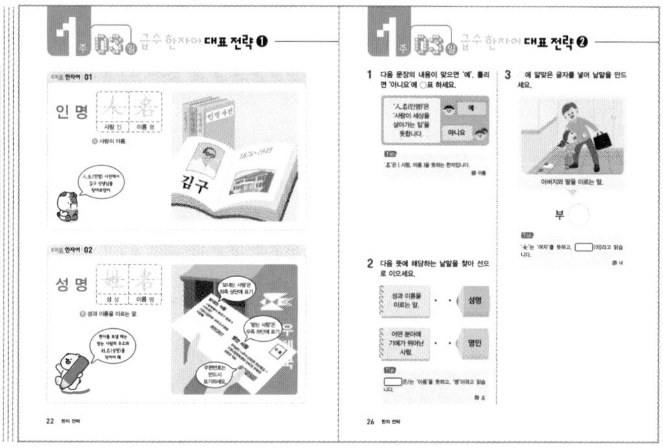

1주에 4일 구성+1일에 6쪽 구성

급수 시험 **체크 전략 ❶, ❷**

급수 시험 체크 전략 ❶은 시험에 꼭 나오는 유형을 모아 학습합니다.

급수 시험 체크 전략 ❷에서는 실전 문제를 풀어 보며 시험을 대비합니다.

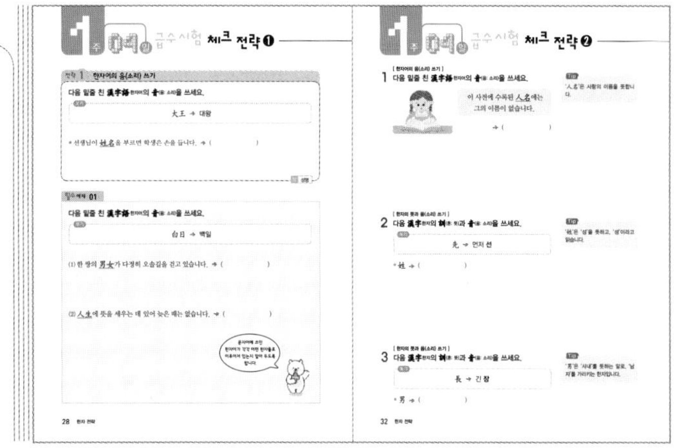

주 마무리

누구나 **만점 전략**
누구나 풀 수 있는 쉬운 문제를 풀며 학습 자신감을 높일 수 있습니다.

창의·융합·코딩 **전략 ❶, ❷**
융·복합적 사고력을 길러 주는 재미있는 문제를 만날 수 있습니다.

권 마무리

전·후편 마무리 **전략**
만화를 보며 학습을 재미있게 마무리할 수 있게 하였습니다.

신유형·신경향·서술형 **전략**
문제 해결력을 기를 수 있는 새로운 문제들을 단계별로 제시하였습니다.

적중 예상 **전략 1~2회**
총 2회로 실제 급수 시험을 준비할 수 있도록 구성하였습니다.

교과 학습 한자어 **전략**
교과 학습 시 자주 만나는 한자어와 5급 심화 한자를 함께 학습할 수 있도록 구성하였습니다.

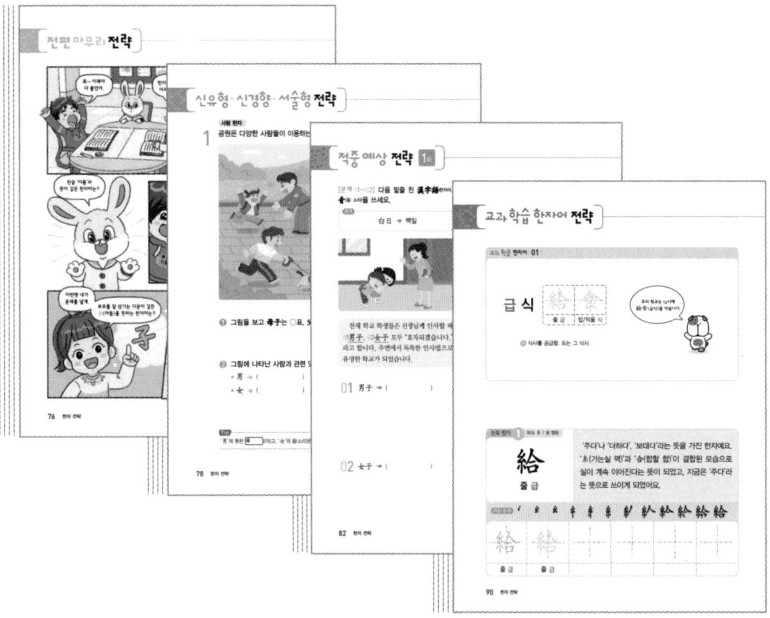

이 책의 차례

전편

1주 사람 한자 8쪽

2주 신체 한자 42쪽

마무리

후편

7급 Ⅱ 배정 한자 총 100자

ㄱ 家 집 가	間 사이 간	江 강 강	車 수레 거/수레 차	空 빌 공
工 장인 공	敎 가르칠 교	校 학교 교	九 아홉 구	國 나라 국
軍 군사 군	金 쇠 금│성 김	記 기록할 기	氣 기운 기	ㄴ 男 사내 남
南 남녘 남	內 안 내	女 여자 녀	年 해 년	農 농사 농
ㄷ 答 대답 답	大 큰 대	道 길 도	東 동녘 동	動 움직일 동
ㄹ 力 힘 력	六 여섯 륙	立 설 립	ㅁ 萬 일만 만	每 매양 매
名 이름 명	母 어머니 모	木 나무 목	門 문 문	物 물건 물
民 백성 민	ㅂ 方 모 방	白 흰 백	父 아버지 부	北 북녘 북│달아날 배
不 아닐 불	ㅅ 四 넉 사	事 일 사	山 메 산	三 석 삼
上 윗 상	生 날 생	西 서녘 서	先 먼저 선	姓 성 성

世 인간 세	小 작을 소	手 손 수	水 물 수	時 때 시
市 저자 시	食 밥/먹을 식	室 집 실	十 열 십	ㅇ 安 편안 안
午 낮 오	五 다섯 오	王 임금 왕	外 바깥 외	右 오를/오른(쪽) 우
月 달 월	二 두 이	人 사람 인	一 한 일	日 날 일
ㅈ 自 스스로 자	子 아들 자	長 긴 장	場 마당 장	電 번개 전
前 앞 전	全 온전 전	正 바를 정	弟 아우 제	足 발 족
左 왼 좌	中 가운데 중	直 곧을 직	ㅊ 青 푸를 청	寸 마디 촌
七 일곱 칠	ㅌ 土 흙 토	ㅍ 八 여덟 팔	平 평평할 평	下 아래 하
學 배울 학	韓 한국/나라 한	漢 한수/한나라 한	海 바다 해	ㅎ 兄 형 형
話 말씀 화	火 불 화	活 살 활	孝 효도 효	後 뒤 후

1주 사람 한자

봉투에는 주소와 이름[名]을 써야 한다는 거지.
뭘 그리 중얼거리고 있어?
이번 수행 평가가 감사와 고마움을 담은 편지쓰기래.
쓸 사람[人]은 정한 거야? 여자[女] 친구? 부모님? 정말 궁금한데?
편지는 사람을 행복하게 하는 마법이 있어!

학습할 한자

❶ 人 사람 **인** ❷ 姓 성 **성** ❸ 名 이름 **명** ❹ 男 사내 **남**
❺ 女 여자 **녀** ❻ 生 날 **생** ❼ 孝 효도 **효** ❽ 子 아들 **자**

1주 04일 급수 한자 돌파 전략 ❶

점선 위로 겹쳐서 한자를 써 보세요.

연한 글씨 위로 겹쳐서 한자를 따라 써 보세요.

한자 1 부수 人 | 총 2획

人

사람 인

사람을 옆에서 본 모습에서 ( )(이)라는 뜻이 생겼어요.

답 사람

쓰는 순서 丿 人

人	人				
사람 인	사람 인				

한자 2 부수 女 | 총 8획

姓

성 성

같은 조상[女]으로부터 태어난[生] 집안이 같은 성을 쓴다는 데서 ( )을/를 뜻해요.

답 성(성씨)

쓰는 순서 ㄑ 女 女 女 女 姓 姓 姓

姓	姓				
성 성	성 성				

▶정답 2쪽

1 한자 '人'의 뜻과 어울리는 그림을 찾아 ○표 하세요.

2 다음 대화를 읽고, ☐ 안에 들어갈 말에 ∨표 하세요.

오늘 배운 한자는 '姓'이야.
이 한자의 뜻은 '성'이고, 음(소리)은 ☐ 이야!

☐ 인 ☐ 성

점선 위로 겹쳐서 한자를 써 보세요.

연한 글씨 위로 겹쳐서 한자를 따라 써 보세요.

한자 3 부수 口 | 총 6획

名
이름 명

저녁이 되어 어두우면 자기 이름을 말해서 알려야 했다는 데서 [   ]을/를 뜻하게 되었어요.

답 이름

쓰는 순서 ノ ク タ タ 名 名

名	名				
이름 명	이름 명				

한자 4 부수 田 | 총 7획

男
사내 남

힘써서 밭을 가는 사람을 나타낸 것으로, [   ]을/를 뜻해요.

답 사내

쓰는 순서 丨 冂 日 田 田 男 男

男	男				
사내 남	사내 남				

뜻이 반대인 한자 女(여자 녀)

한자 기초 확인

▶정답 2쪽

3 그림에서 한자 '名'의 뜻과 음(소리)을 따라 강을 건너세요.

4 한자 카드와 한자가 바르게 짝지어진 것에 ○표 하세요.

이름 명

男

사내 남

男

1 다음 한자의 뜻과 음(소리)으로 알맞은 것을 찾아 ○표 하세요.

男

| 사내 남 | 이름 명 |

姓

| 사람 인 | 성 성 |

2 다음 뜻에 해당하는 한자를 찾아 ∨표 하세요.

이름

□ 人   □ 姓   □ 名

3 다음 밑줄 친 낱말에 해당하는 한자를 쓰세요.

가야금은 <u>사람</u>이 줄을 퉁기거나 뜯어서
소리를 내는 악기입니다.

답

▶정답 2쪽

4 다음 한자의 음(소리)으로 알맞은 것을 찾아 선으로 이으세요.

人 •

• 인

• 남

5 다음 밑줄 친 한자의 음(소리)으로 알맞은 것을 찾아 ○표 하세요.

내 친구 은혜의 <u>姓</u>은 '최'입니다.

성 　 인

6 다음 한자의 상대 또는 반대되는 한자를 찾아 ∨표 하세요.

□ 名 　 □ 男

1주 02일 급수 한자 돌파 전략 ❶

점선 위로 겹쳐서 한자를 써 보세요.

연한 글씨 위로 겹쳐서 한자를 따라 써 보세요.

한자 1 부수 女 | 총 3획

女

여자 녀

단아한 여성의 모습을 그린 것으로, '딸' 또는 [   ]을/를 뜻해요.

답 여자

쓰는 순서 ㄑ 女 女

女	女				
여자 녀	여자 녀				

• 뜻이 반대인 한자 • 男(사내 남)

한자 2 부수 生 | 총 5획

生

날 생

땅 위에 새싹이 돋아나 자라는 모습에서 [   ] 또는 '살다'라는 뜻이 생겼어요.

답 나다

쓰는 순서 ノ 𠂉 𠂉 牛 生

生	生				
날 생	날 생				

한자 기초 확인

▶정답 3쪽

1 다음 사진의 사람과 어울리는 한자를 찾아 ○표 하세요.

女	男	姓

2 그림을 보고 조건 에 맞는 한자 카드를 찾아 ○표 하세요.

조건

한자의 뜻은 '날'이고, 음(소리)은 '생'이다.

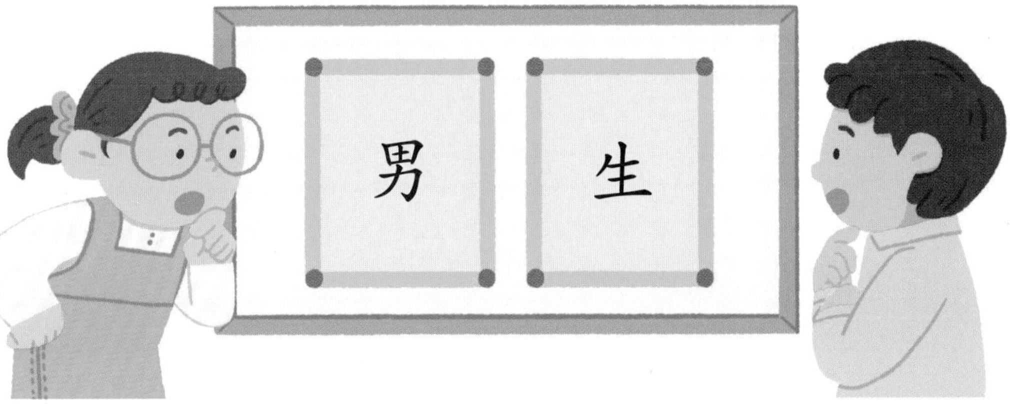

점선 위로 겹쳐서 한자를 써 보세요.

연한 글씨 위로 겹쳐서 한자를 따라 써 보세요.

한자 3 부수 子 | 총 7획

孝

효도 효

어른과 아이가 함께 있는 모습을 나타낸 한자로 [　　　]을/를 뜻해요.

답 효도

쓰는 순서 一 十 土 耂 耂 考 孝

孝	孝				
효도 효	효도 효				

한자 4 부수 子 | 총 3획

子

아들 자

어린아이가 두 팔을 벌리고 있는 모양을 본뜬 한자로 [　　　], 자녀를 뜻해요.

답 아들

쓰는 순서 乛 了 子

子	子				
아들 자	아들 자				

뜻이 반대인 한자 父(아버지 부), 母(어머니 모), 子(아들 자)

한자 기초 확인

▶정답 3쪽

3 그림에 해당하는 한자를 찾아 ○표 하세요.

名 | 孝 | 姓

4 한자 '子'의 뜻과 어울리는 사람을 그림에서 찾아 ○표 하세요.

급수 한자 돌파 전략 ❷

1 다음 한자 카드에 들어갈 뜻과 음(소리)으로 알맞은 것을 찾아 ∨표 하세요.

生 ( )

뜻
□ 날
□ 효도
□ 여자

음(소리)
□ 생
□ 효
□ 녀

2 다음 한자의 뜻과 음(소리)으로 알맞은 것을 찾아 선으로 이으세요.

孝 •   • 효도 •   • 녀

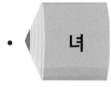

女 •   • 여자 •   • 효

3 다음 음(소리)에 해당하는 한자를 찾아 ∨표 하세요.

□ 孝   □ 生   □ 子

▶정답 3쪽

4 다음 밑줄 친 낱말에 해당하는 한자를 찾아 ○표 하세요.

피겨스케이팅의 페어 종목은 남자와 여자가 파트너로 함께 경기를 합니다.

女　　子

5 다음 한자의 상대 또는 반대되는 한자를 보기 에서 찾아 그 번호를 쓰세요.

보기

① 女　　② 生　　③ 孝　　④ 子

• (　　　　　　) ↔ 男

6 다음 밑줄 친 한자의 음(소리)으로 알맞은 것을 찾아 ○표 하세요.

어버이날에 부모님께 孝와 관련된 편지로 감사의 마음을 전하기로 했습니다.

생　　육　　효

급수 한자어 대표 전략 ❶

대표 한자어 | 01 |

인 명

人	名
사람 인	이름 명

뜻 사람의 이름.

대표 한자어 | 02 |

성 명

姓	名
성 성	이름 명

뜻 성과 이름을 이르는 말.

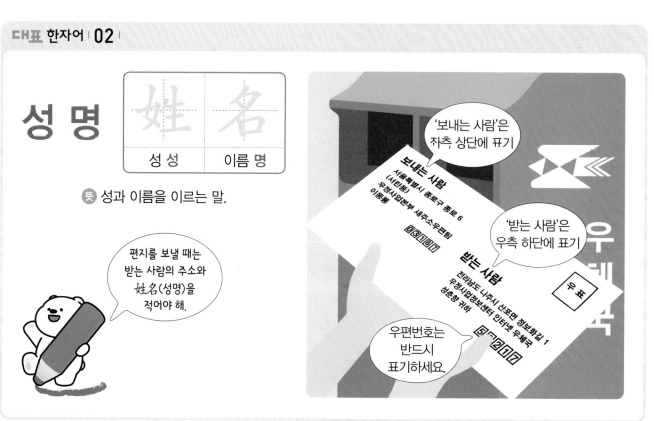

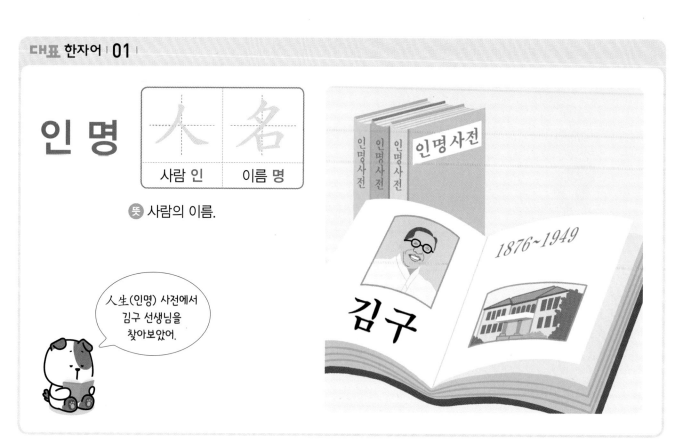

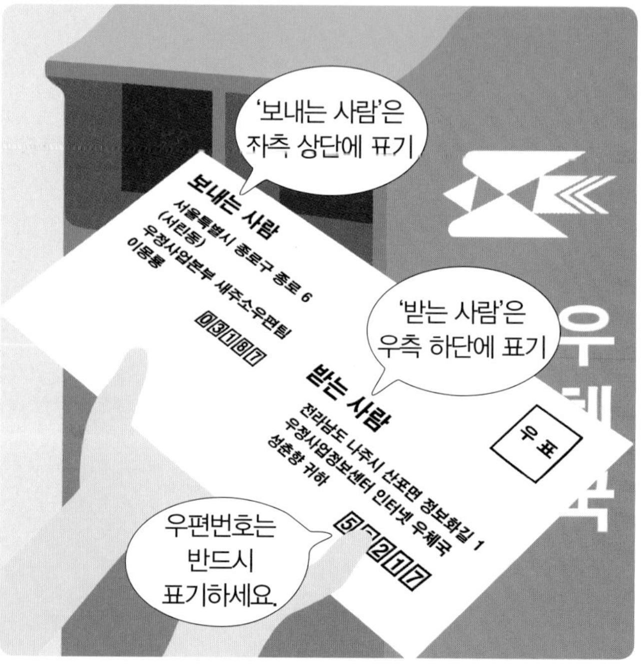

항상 널 응원해!

대표 한자어 | 03 |

명문 名 門

이름 명 | 문 문

뜻 훌륭한 집안, 이름난 학교.

명인 名 人

이름 명 | 사람 인

뜻 어떤 분야에서 기예가 뛰어나 유명한 사람.

명문대학교 판소리 초청 음악회
전통과 역사가 깊은 名門(명문) 대학에서 음악회를 한다고 하네.
음악회에 판소리 名人(명인)이 참여한다고 들었어.

대표 한자어 | 04 |

장남 長 男

긴 장 | 사내 남

뜻 둘 이상의 아들 가운데 맏이가 되는 아들.

남자 男 子

사내 남 | 아들 자

뜻 남성으로 태어난 사람.

천재는 長男(장남)답게 동생들을 잘 돌보는구나.
男子(남자)라서 신체 활동 위주로 놀아 주면 좋아해.

대표 한자어 05

여자

女	子
여자 녀	아들 자

뜻 여성으로 태어난 사람.

부녀

父	女
아버지 부	여자 녀

뜻 아버지와 딸을 이르는 말.

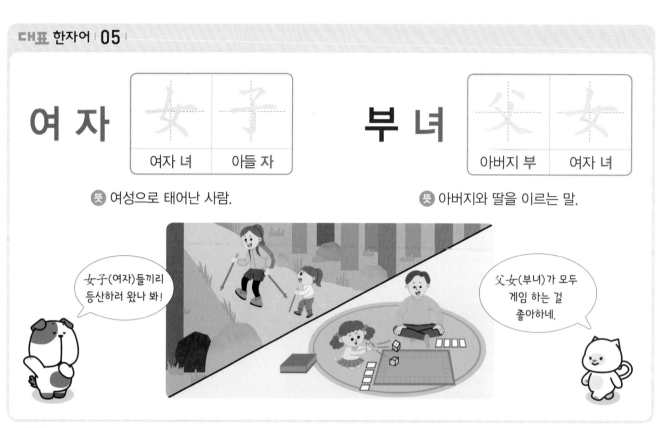

女子(여자)들끼리
등산하러 왔나 봐!

父女(부녀)가 모두
게임 하는 걸
좋아하네.

참고 '女'가 낱말의 맨 앞에 올 때는 '여'라고 읽어요.

대표 한자어 06

수생

水	生
물 수	날 생

뜻 물속에서 삶.

과학 시간에
水生(수생) 식물에
관해 배웠어.

항상 널 응원해!

대표 한자어 | 07 |

효 자

孝	子
효도 효	아들 자

뜻 부모를 잘 섬기는 아들.

그는 홀로된 아버지를
지극정성으로 모시고
사는 孝子(효자)야.

대표 한자어 | 08 |

모 자

母	子
어머니 모	아들 자

뜻 어머니와 아들을 이르는 말.

왕 자

王	子
임금 왕	아들 자

뜻 임금의 아들.

母子(모자)가
함께 한 목소리로
책을 읽고 있네.
왕자와
거지
책 이름이
「王子(왕자)와 거지」
구나. 어떤 내용일지
궁금해.

1 다음 문장의 내용이 맞으면 '예', 틀리면 '아니요'에 ○표 하세요.

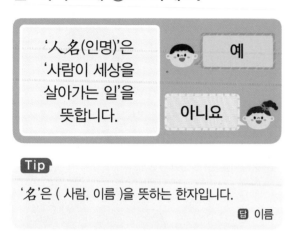

'人名(인명)'은 '사람이 세상을 살아가는 일'을 뜻합니다.

예

아니요

Tip

'名'은 (사람, 이름)을 뜻하는 한자입니다.

답 이름

2 다음 뜻에 해당하는 낱말을 찾아 선으로 이으세요.

성과 이름을 이르는 말.	• •	성명
어떤 분야에 기예가 뛰어난 사람.	• •	명인

Tip

[ ]은/는 '이름'을 뜻하고, '명'이라고 읽습니다.

답 名

3 ◌에 알맞은 글자를 넣어 낱말을 만드세요.

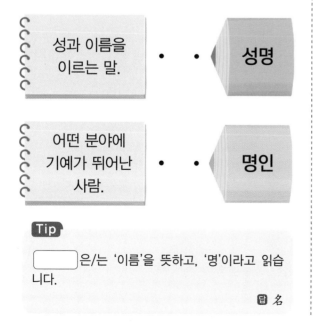

아버지와 딸을 이르는 말.

부 ◌

Tip

'女'는 '여자'를 뜻하고, [ ](이)라고 읽습니다.

답 녀

▶정답 4쪽

4 다음 뜻에 해당하는 낱말을 찾아 ○표 하세요.

부모를 잘
섬기는 아들.
효자
효녀

Tip
'子'는 '아들'을 뜻하고, [ ](이)라고 읽습니다.

답 자

5 '水生(수생)'의 뜻을 바르게 설명한 것에 ○표 하세요.

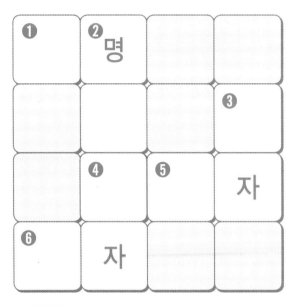

흐르거나
떨어지는
물의 힘.
물속에서 삶.

Tip
'水生'의 '生'은 [ ]을/를 뜻하는 한자입니다.

답 살다

6 다음 낱말 퍼즐을 푸세요.

❶	❷ 명		
			❸
	❹	❺	자
❻	자		

가로 열쇠
❶ 사람의 이름.
❺ 남성으로 태어난 사람.
❻ 부모를 잘 섬기는 아들.

세로 열쇠
❷ 훌륭한 집안, 이름난 좋은 학교.
❸ 여성으로 태어난 사람.
❹ 임금의 아들.

Tip
'男'은 [ ]을/를 뜻하고, '남'이라고 읽습니다.

답 사내

1주 04일 급수시험 체크 전략 ❶

전략 1 한자어의 음(소리) 쓰기

다음 밑줄 친 漢字語한자어의 音(음: 소리)을 쓰세요.

보기

大王 ➔ 대왕

- 선생님이 <u>姓名</u>을 부르면 학생은 손을 듭니다. ➔ (   )

답 성명

필수 예제 01

다음 밑줄 친 漢字語한자어의 音(음: 소리)을 쓰세요.

보기

白日 ➔ 백일

(1) 한 쌍의 <u>男女</u>가 다정히 오솔길을 걷고 있습니다. ➔ (   )

(2) <u>人生</u>에 뜻을 세우는 데 있어 늦은 때는 없습니다. ➔ (   )

문장 속에 쓰인
한자어가 각각 어떤 한자들로
이루어져 있는지 알아 두도록
합니다.
Dumi

▶정답 4쪽

전략 2 한자의 뜻과 음(소리) 쓰기

다음 漢字한자의 訓(훈: 뜻)과 音(음: 소리)을 쓰세요.

보기

白 ➔ 흰 **백**

• 姓 ➔ (   )

답 성 성

필수 예제 02

다음 漢字한자의 訓(훈: 뜻)과 音(음: 소리)을 쓰세요.

보기

小 ➔ 작을 **소**

(1) 人 ➔ (   )

(2) 生 ➔ (   )

한자의
뜻과 음(소리)은
반드시 함께 알아
두어야 합니다.

전략 3 제시된 한자어 찾기

다음 밑줄 친 漢字語한자어를 보기 에서 찾아 그 번호를 쓰세요.

보기

① 女子 ② 男子 ③ 母子 ④ 父女

- 2학년 1반 학생 수는 <u>여자</u>보다 남자가 2명 더 많습니다. ➔ ( )

답 ①

필수 예제 03

다음 밑줄 친 漢字語한자어를 보기 에서 찾아 그 번호를 쓰세요.

보기

① 人名 ② 子女 ③ 孝子 ④ 王子

(1) 그는 천하에 없는 <u>효자</u>로 소문이 자자합니다. ➔ ( )

(2) <u>자녀</u>들을 지도하여 바른길로 인도합니다. ➔ ( )

한자어가
생각나지 않을 때는
한자의 뜻을 조합하여
문제를 풀어 봅니다.

▶정답 4쪽

전략 4 뜻과 음(소리)에 맞는 한자 찾기

다음 訓(훈: 뜻)과 音(음: 소리)에 맞는 漢字한자를 보기 에서 찾아 그 번호를 쓰세요.

보기

① 人　② 名　③ 子　④ 男

● 이름 명 ➜ (　　　　)

답 ②

필수 예제 04

다음 訓(훈: 뜻)과 音(음: 소리)에 맞는 漢字한자를 보기 에서 찾아 그 번호를 쓰세요.

보기

① 姓　② 子　③ 孝　④ 生

(1) 효도 효 ➜ (　　　　)

(2) 아들 자 ➜ (　　　　)

비슷한 모양의 한자를
고르지 않도록
주의해야 합니다.

[한자어의 음(소리) 쓰기]

1 다음 밑줄 친 漢字語_{한자어}의 音(음: 소리)을 쓰세요.

이 사전에 수록된 <u>人名</u>에는 그의 이름이 없습니다.

➜ (   )

[한자의 뜻과 음(소리) 쓰기]

2 다음 漢字_{한자}의 訓(훈: 뜻)과 音(음: 소리)을 쓰세요.

> 보기
>
> 先 ➜ 먼저 **선**

• 姓 ➜ (   )

[한자의 뜻과 음(소리) 쓰기]

3 다음 漢字_{한자}의 訓(훈: 뜻)과 音(음: 소리)을 쓰세요.

> 보기
>
> 長 ➜ 긴 **장**

• 男 ➜ (   )

▶정답 4쪽

[제시된 뜻에 맞는 한자어 찾기]

4 다음 뜻에 맞는 漢字語한자어를 보기 에서 찾아 그 번호를 쓰세요.

보기

① 姓名　② 男子　③ 名人　④ 母子

- 성과 이름을 이르는 말. ➔ (　　　　　)

Tip

성명은 '성'과 '이름'을 이르는 말입니다.

[제시된 한자어 찾기]

5 다음 밑줄 친 漢字語한자어를 보기 에서 찾아 그 번호를 쓰세요.

보기

① 男女　② 水生　③ 人名　④ 王子

- 교실에 앉은 학생들의 <u>남녀</u> 수는 반반이다.

➔ (　　　　　)

Tip

'女'는 '여자를 뜻하고, '녀' 또는 '여'라고 읽습니다.

[뜻과 음(소리)에 맞는 한자 찾기]

6 다음 訓(훈: 뜻)과 音(음: 소리)에 맞는 漢字한자를 보기 에서 찾아 그 번호를 쓰세요.

보기

① 人　② 孝　③ 生　④ 姓

- 날 생 ➔ (　　　　　)

Tip

'生'은 '나다' 또는 '살다'를 뜻하고, '생'이라고 읽습니다.

맞은 개수 ( ) 개

01 다음 [ ] 안에 들어갈 한자에 ○표 하세요.

[ ]子 친구에게 꽃을 선물했습니다.

女 生

02 다음 뜻과 음(소리)에 해당하는 한자를 보기 에서 찾아 그 번호를 쓰세요.

보기
① 子 ② 人 ③ 姓

- 아들 자 → ( )

03 다음 밑줄 친 한자어의 음(소리)을 쓰세요.

명함에는 <u>姓名</u>을 씁니다.

→ ( )

04 다음 뜻에 해당하는 한자어를 보기 에서 찾아 그 번호를 쓰세요.

보기
① 名門 ② 長男 ③ 女子

- 둘 이상의 아들 가운데 맏이가 되는 아들.

→ ( )

▶정답 5쪽

05 다음 한자의 뜻과 음(소리)을 쓰세요.

(　　　　) 을/를 뜻하고,

(　　) (이)라고 읽습니다.

06 다음 설명 에 해당하는 한자어를 찾아 ○표 하세요.

설명

어떤 분야에서 기예가 뛰어나 유명한 사람.

人名　　　名人

07 다음 한자의 뜻을 보기 에서 찾아 그 번호를 쓰세요.

보기

① 여자　② 효도　③ 사내

- 男 ➔ (　　　　　)

08 다음 밑줄 친 낱말에 해당하는 한자어를 보기 에서 찾아 그 번호를 쓰세요.

보기

① 王子　② 男子　③ 母子

- 낙랑 공주와 호동 <u>왕자</u>의 설화가 있습니다.

➔ (　　　　　)

1주 창의·융합·코딩 전략 ❶

창의 융합

1 위 대화를 읽고, 우리말 '이름'과 뜻이 같은 한자어를 한글로 쓰세요.

➜ (　　　　　　　)

▶정답 5쪽

창의 융합

2 위 대화를 읽고, 강산이네 가족 가운데 女子가 모두 몇 명인지 쓰세요.

➜ (　　　　　　)

1주 창의·융합·코딩 전략 ❷

코딩

1 '출발' 지점에서 명령어 대로 이동했을 때 만나는 한자를 쓰세요.

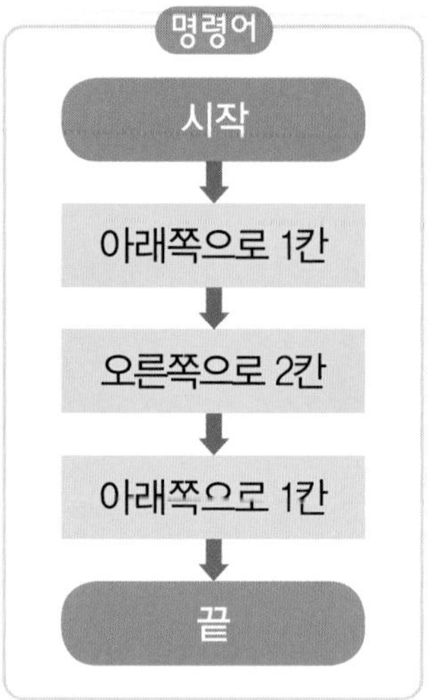

출발

人	女	生
姓		子
男	名	孝

답

창의 융합

2 한자어 '父女'에 해당하는 그림을 찾아 ○표 하세요.

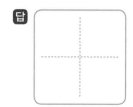

▶정답 5쪽

창의 융합

3 다음 조건 을 모두 만족시키는 사람을 그림에서 찾아 ○표 하세요.

조건

女子　　名人

창의 융합

4 다음 글을 읽고, 글의 내용과 관련 있는 한자어를 찾아 그 번호를 쓰세요.

(　　　　　)

식물 중 물속에서 살아가는 것을 말합니다. 종류에는 물 위에 떠서 뿌리를 물속에 내리는 개구리밥, 생이가래, 부레옥잠 같은 식물과 물 밑에 뿌리를 내리고 물 위에 잎이나 꽃이 피는 수련과 같은 식물이 있습니다.

① 名門　　② 男子　　③ 父女　　④ 水生

창의 융합

5 다음 그림을 보고, 화분의 새싹이 자라는 모습과 연관 있는 한자에 ∨표 하세요.

- □ 生
- □ 孝
- □ 名
- □ 人

창의 융합

6 다음 조건 을 만족하는 어린이의 한자어 카드를 찾아 한자어의 음(소리)을 쓰세요.

조건
1. 노란 모자를 쓰고 있다. 2. 키는 170cm보다 크다.

• 한자어의 음(소리) ➜ (   )

▶정답 5쪽

코딩

7 문제 대로 명령어 버튼 을 눌렀을 때 만들어진 한자로 한자어를 완성하세요.

명령어 버튼

'門'을 가져옴. '名'을 가져옴. '人'을 가져옴. 그리고 취소

문제

창의 융합

8 다음 글을 읽고, 그림 속에서 주인공 '나'를 찾아 ○표 하세요.

유네스코 선정 세계 10대 유적지인 경주로 가족 여행을 왔습니다. 우리 식구는 모두 5名입니다. 부모님과 나, 女子 동생 2名이 함께하니 즐거움과 행복이 더해집니다.

2주

신체 한자

너무 힘들어. 다운아, 너는 손[手]과 발[足]을 이용한 운동은 다 잘하는구나.
내가 좀 힘[力]이 세지.
평소에 스스로[自] 체력을 기르는 운동을 많이 해서 그래.
부럽다!
우리 내일부터 함께 운동해 보는 거 어때?
정말? 너랑 하면 즐겁고 좋아.
얘들아, 운동도 중요하지만, 음식도 골고루 먹어[食]야 체력을 기를 수 있어.

학습할 한자

❶ 手 손 **수** ❷ 足 발 **족** ❸ 氣 기운 **기** ❹ 力 힘 **력**

❺ 自 스스로 **자** ❻ 立 설 **립** ❼ 食 밥/먹을 **식** ❽ 寸 마디 **촌**

급수 한자 돌파 전략 ❶

점선 위로 겹쳐서 한자를 써 보세요.

연한 글씨 위로 겹쳐서 한자를 따라 써 보세요.

한자 1 부수 手 | 총 4획

手
손 수

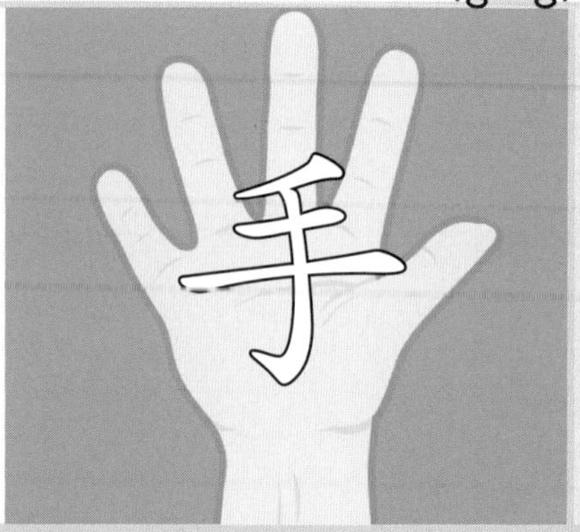

사람의 손을 그린 것으로, [ ] 또는 손을 써서 일하는 '재주'를 뜻해요.

답 손

쓰는 순서 一 二 三 手

手	手				
손 수	손 수				

뜻이 반대인 한자 足(발 족)

한자 2 부수 足 | 총 7획

足
발 족

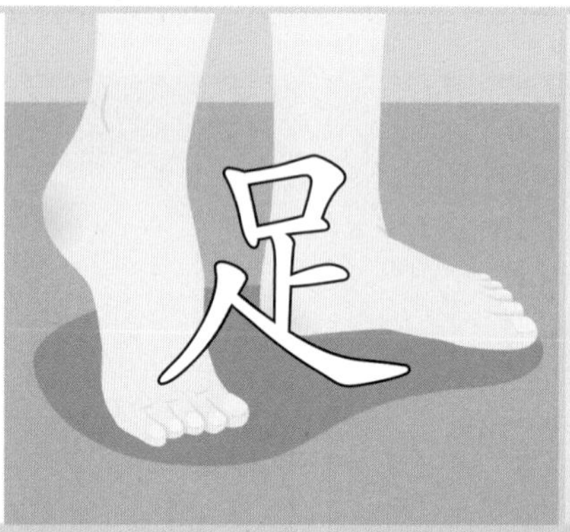

걸어가는 발의 모습에서 [ ] 을/를 뜻하게 되었어요.

답 발

쓰는 순서 丨 口 口 早 早 㫖 足

足	足				
발 족	발 족				

뜻이 반대인 한자 手(손 수)

한자 기초 확인

▶정답 6쪽

1 한자 '손 수'를 모두 찾아 ○표 하세요.

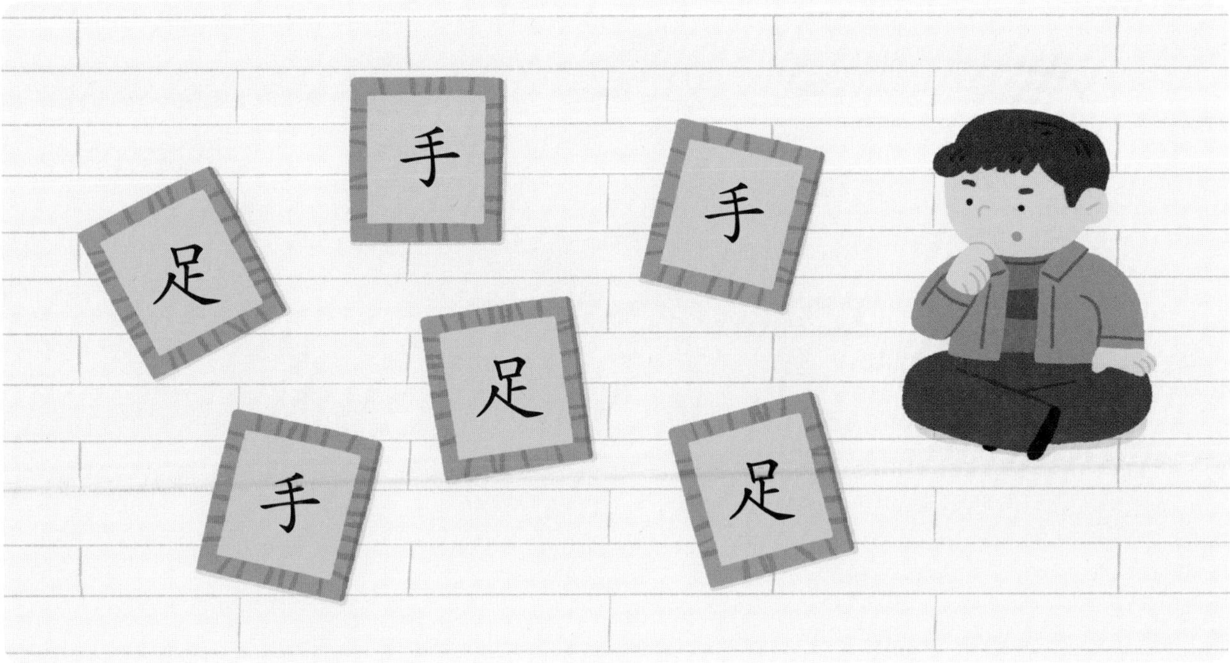

2 한자 '足'을 사용하여 놀이를 하는 학생을 모두 찾아 ○표 하세요.

점선 위로 겹쳐서 한자를 써 보세요.

연한 글씨 위로 겹쳐서 한자를 따라 써 보세요.

한자 3 부수 气 | 총 10획

氣

기운 기

뜨거운 열기가 위로 올라가는 모습에서 [　　　](이)라는 뜻이 생겼어요.

답 기운

쓰는 순서 ノ 𠂉 𠂉 气 气 気 氣 氣 氣 氣

氣	氣				
기운 기	기운 기				

한자 4 부수 力 | 총 2획

力

힘 력

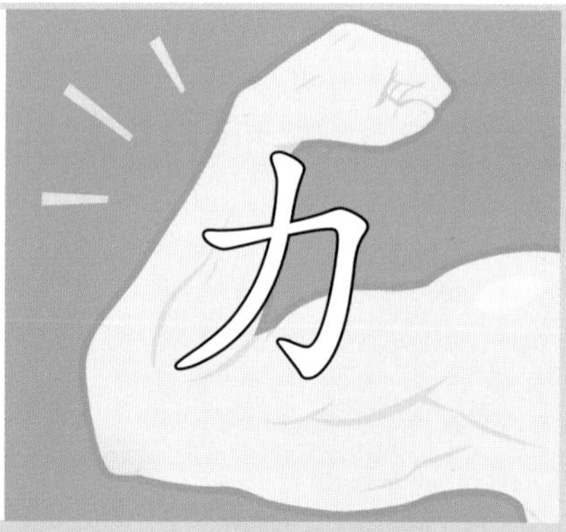

근육을 통해 사람이나 사물을 움직이게 하는 능력을 나타낸 한자로 [　　　]을/를 뜻해요.

답 힘

쓰는 순서 フ 力

力	力				
힘 력	힘 력				

▶정답 6쪽

3 사다리타기 놀이에서 한자 '氣'의 뜻과 음(소리)을 찾은 학생에 ○표 하세요.

기운 기
힘 력
손 수

4 다음 선생님의 질문에 알맞은 정답을 찾아 ○표 하세요.

뜻이 '힘'이고,
음(소리)이 '력'인
한자는?
男 力 氣

급수 한자 돌파 전략 ❷

1 다음 뜻에 해당하는 한자를 찾아 ∨표 하세요.

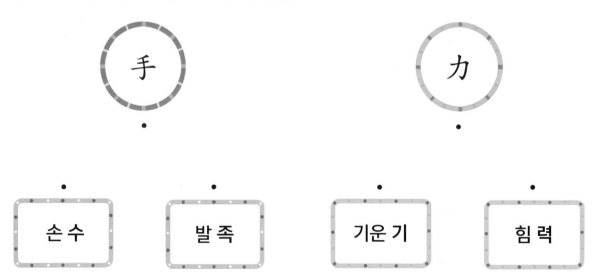

□ 足　　□ 手　　□ 氣

2 다음 문장의 내용이 맞으면 '예', 틀리면 '아니요'에 ○표 하세요.

'氣'의 뜻과 음(소리)은 '발 족'입니다.

예　　아니요

3 다음 한자의 뜻과 음(소리)으로 알맞은 것을 찾아 선으로 이으세요.

手　　力

손 수　　발 족　　기운 기　　힘 력

4 다음 한자의 뜻과 음(소리)으로 알맞은 것을 찾아 ○표 하세요.

| 손 수 | 기운 기 | 힘 력 | 발 족 |

5 다음 밑줄 친 한자의 음(소리)으로 알맞은 것을 찾아 ○표 하세요.

흐르거나 떨어지는 물의 힘을 수力이라고 합니다.

력   수

6 다음 밑줄 친 낱말에 해당하는 한자를 쓰세요.

두 사람이 발을 맞춰 걸어갑니다.

답

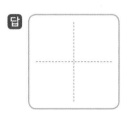

2주 02일 급수 한자 돌파 전략 ❶

점선 위로 겹쳐서 한자를 써 보세요.

연한 글씨 위로 겹쳐서 한자를 따라 써 보세요.

한자 1 부수 自 | 총 6획

自

스스로 자

사람의 코 모양을 표현한 한자로 [　　　] 을/를 뜻해요.

답 스스로

쓰는 순서 ′ ⺅ 冂 冃 自 自

自	自				
스스로 자	스스로 자				

한자 2 부수 立 | 총 5획

立

설 립

사람이나 사물이 땅 위에 바로 세워져 있다는 데서 [　　　] 을/를 뜻해요.

답 서다

쓰는 순서 ` 亠 亠 产 立

立	立				
설 립	설 립				

한자 기초 확인

▶정답 7쪽

1 친구들의 대화에 해당하는 한자 카드를 찾아 ○표 하세요.

음(소리)은 '자'라고 해.
뜻은 '스스로'야.

自　　　足

2 그림에 해당하는 한자의 뜻과 음(소리)으로 알맞은 것을 찾아 ∨표 하세요.

☐ 설 립　　　☐ 힘 력

점선 위로 겹쳐서 한자를 써 보세요.

연한 글씨 위로 겹쳐서 한자를 따라 써 보세요.

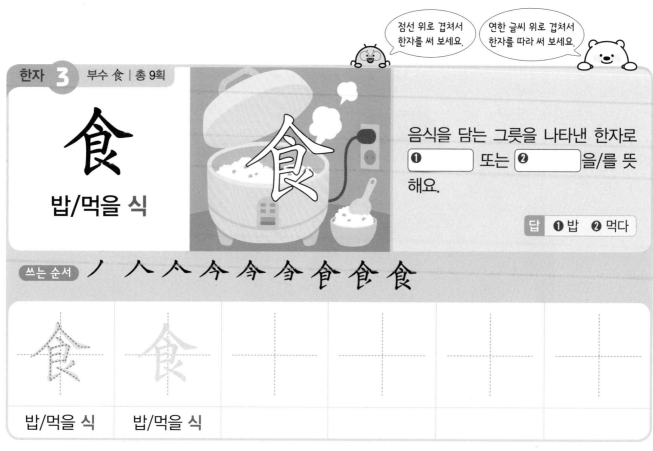

한자 3 부수 食 | 총 9획

食

밥/먹을 식

음식을 담는 그릇을 나타낸 한자로 ❶ ______ 또는 ❷ ______ 을/를 뜻해요.

답 ❶ 밥 ❷ 먹다

쓰는 순서 丿 人 𠆢 今 今 今 食 食 食

食	食				
밥/먹을 식	밥/먹을 식				

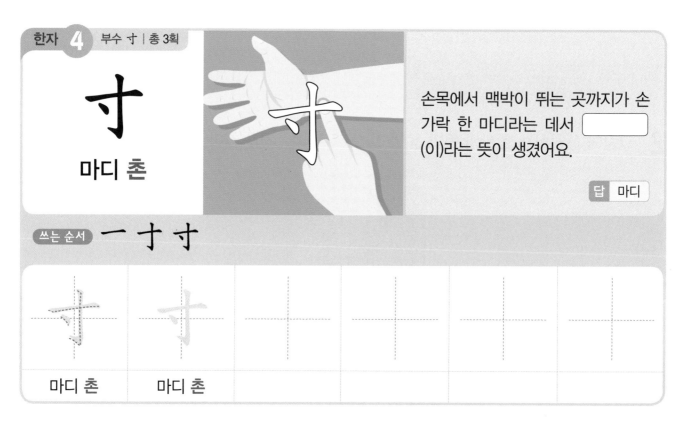

한자 4 부수 寸 | 총 3획

寸

마디 촌

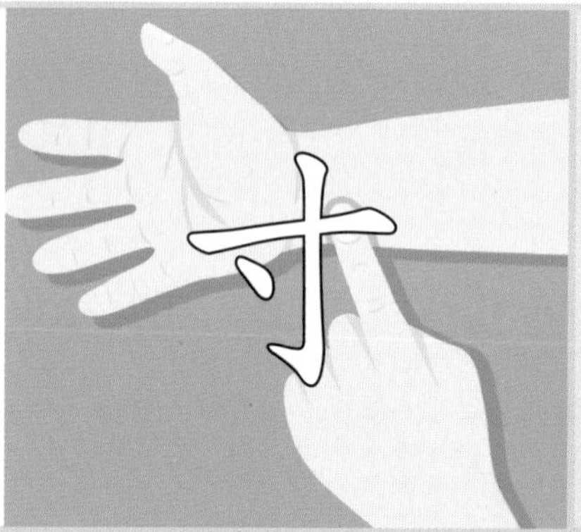

손목에서 맥박이 뛰는 곳까지가 손가락 한 마디라는 데서 ______ (이)라는 뜻이 생겼어요.

답 마디

쓰는 순서 一 寸 寸

寸	寸				
마디 촌	마디 촌				

▶정답 7쪽

3 그림에 해당하는 한자를 보기 에서 찾아 쓰세요.

보기

自　立　食

답

4 그림에 해당하는 한자를 찾아 ○표 하세요.

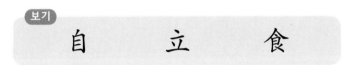

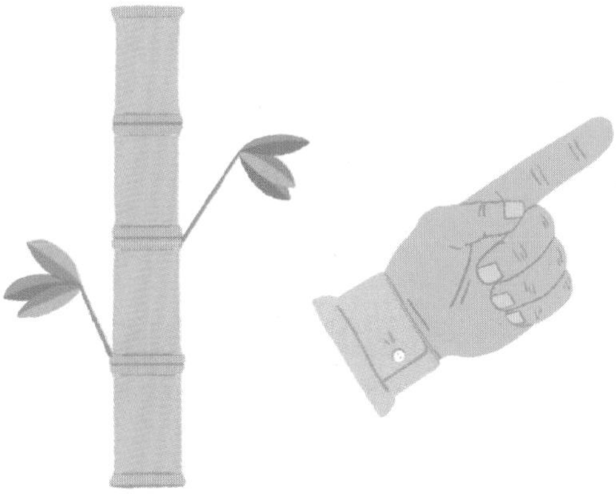

自　寸　立

급수 한자 돌파 전략 ❷

1 다음 한자 카드에 들어갈 뜻과 음(소리)으로 알맞은 것에 ∨표 하세요.

自

☐ 기운 기　☐ 스스로 자

2 사다리타기 놀이를 활용하여 한자의 뜻과 음(소리)이 바르게 이어진 한자에 ○표 하세요.

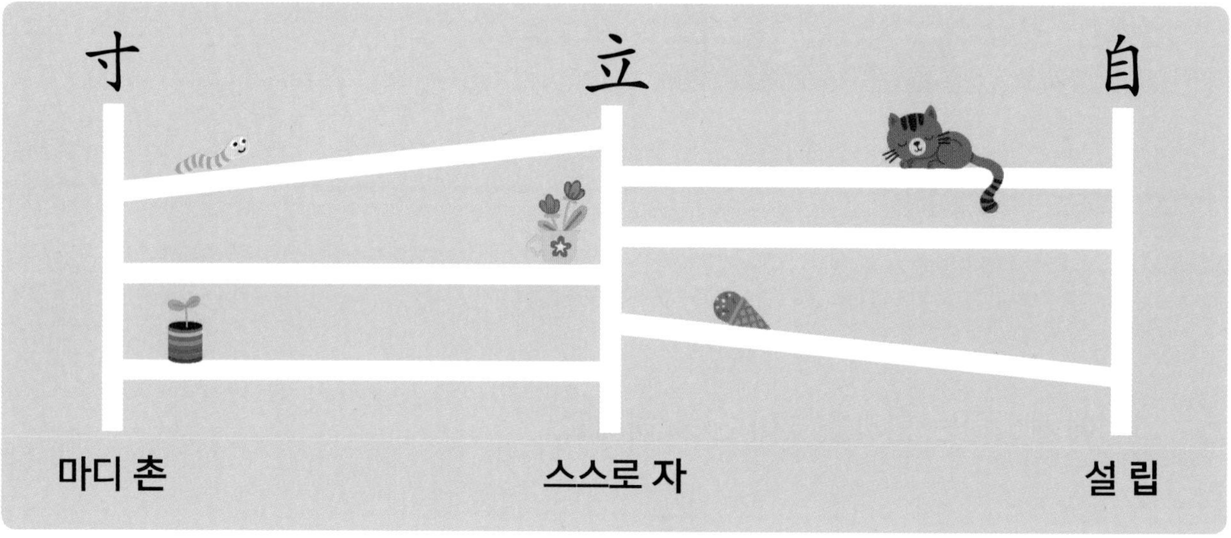

3 다음 음(소리)에 해당하는 한자를 찾아 ∨표 하세요.

☐ 立　☐ 食　☐ 寸

4 다음 한자의 음(소리)으로 알맞은 것을 찾아 선으로 이으세요.

 ·

·

·

5 다음 뜻과 음(소리)에 해당하는 한자를 보기 에서 찾아 그 번호를 쓰세요.

보기
① 自   ② 立   ③ 食   ④ 寸

(1) 설 립 ➜ (   )

(2) 밥/먹을 식 ➜ (   )

6 다음 밑줄 친 말에 해당하는 한자를 찾아 ○표 하세요.

남에게 의지하지 않고 <u>스스로</u> 하려고 하는 것을 자립이라고 합니다.

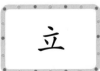

급수 한자어 대표 전략 ❶

대표 한자어 | 01 |

수족

手	足
손 수	발 족

뜻 손과 발을 이르는 말.

옆집 할머니는
중풍으로 手足(수족)을
자유롭게 쓰지 못하셔.

대표 한자어 | 02 |

자족

自	足
스스로 자	발 족

뜻 스스로 넉넉함을 느낌.

난 내 용돈으로
충분히 自足(자족)하고
있어.

항상 널 응원해!

대표 한자어 | 03 |

생기 生氣

生	氣
날 생	기운 기

뜻 싱싱하고 힘찬 기운.

기력 氣力

氣	力
기운 기	힘 력

뜻 사람의 몸으로 활동할 수 있는 정신과 육체의 힘.

비가 내리니
운동장 잔디도
生氣(생기)가 넘치네.

우리도 쉬면서
氣力(기력)을 회복한 후에
다시 축구를 하자.

대표 한자어 | 04 |

자력 自力

自	力
스스로 자	힘 력

뜻 자기 혼자의 힘.

화력 火力

火	力
불 화	힘 력

뜻 불이 탈 때 내는 열의 힘.

캠핑장에서 내가
自力(자력)으로 할 수
있는 일이 있을까?

고기 구울 때
火力(화력)이 세야 하니
마른 장작 나르기를
하면 되겠네.

대표 한자어 | 05 |

자 생 自 生

自	生
스스로 자	날 생

뜻 저절로 나서 자람.

한라산에는 여러 종류의 식물이 自生(자생)하고 있어.

대표 한자어 | 06 |

중 립 中 立

中	立
가운데 중	설 립

뜻 어느 편에 서지 않고 중간적인 입장에 섬.

자 립 自 立

自	立
스스로 자	설 립

뜻 남에게 예속되거나 의지하지 아니하고 스스로 섬.

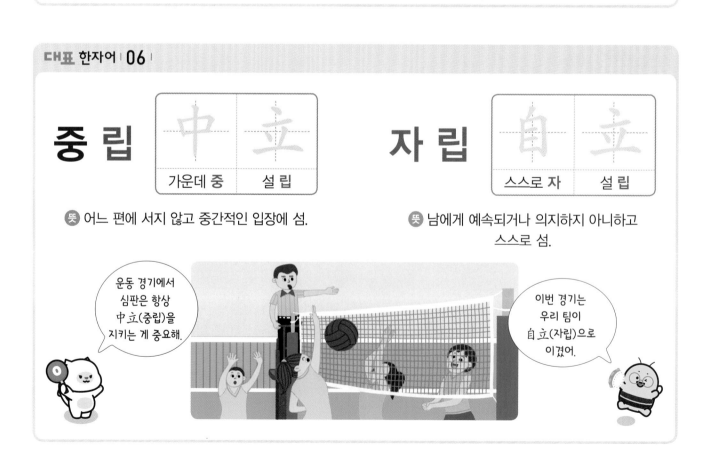

운동 경기에서 심판은 항상 中立(중립)을 지키는 게 중요해.

이번 경기는 우리 팀이 自立(자립)으로 이겼어.

항상 널 응원해!

대표 한자어 | 07 |

외식

外	食
바깥 외	밥/먹을 식

뜻 집에서 직접 해 먹지 않고 밖에서 음식을 사 먹음. 또는 그런 식사.

식수

食	水
밥/먹을 식	물 수

뜻 먹을 용도의 물.

나도 중식당으로 外食(외식)을 가고 싶은걸.
이 중식당에서는 食水(식수)로 따뜻한 차를 주고 있어.

대표 한자어 | 08 |

외삼촌

外	三	寸
바깥 외	석 삼	마디 촌

뜻 어머니의 남자 형제를 이르거나 부르는 말.

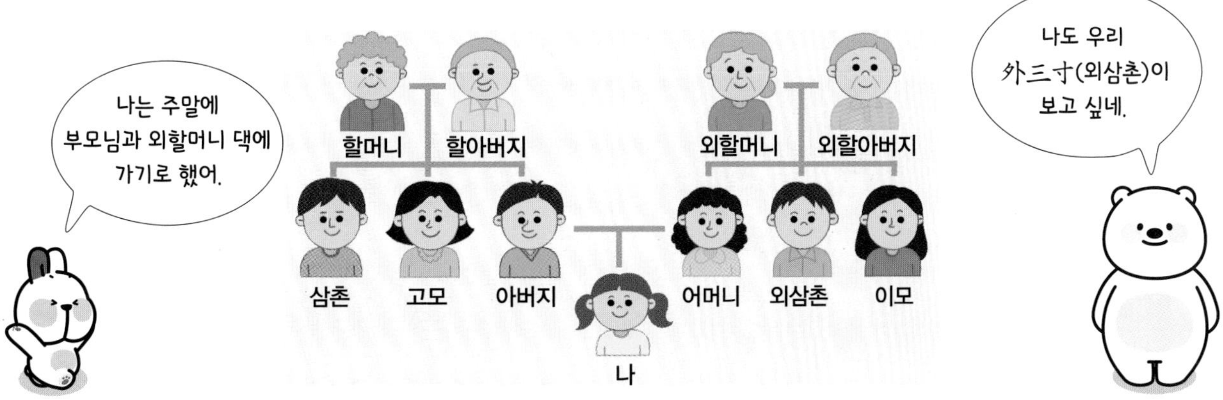
나는 주말에 부모님과 외할머니 댁에 가기로 했어.
할머니
할아버지
외할머니
외할아버지
삼촌
고모
아버지
어머니
외삼촌
이모
나
나도 우리 外三寸(외삼촌)이 보고 싶네.

1 그림에 해당하는 낱말을 찾아 선으로 이으세요.

· · 자력

· · 화력

Tip

[ ]은/는 '힘'을 뜻하고, '력'이라고 읽습니다.

답 力

3 ◌에 알맞은 글자를 넣어 낱말을 만드세요.

스스로 넉넉함을 느낌.

◌족

Tip

'自'은 '스스로'를 뜻하고, [ ](이)라고 읽습니다.

답 자

2 다음 문장의 내용이 맞으면 '예', 틀리면 '아니요'에 ◯표 하세요.

'手足(수족)'은 '다른 동력을 이용하지 않고 손의 힘만으로 움직이는 것'을 뜻합니다.

예

아니요

Tip

'足'은 (손, 발)을 뜻하는 한자입니다.

답 발

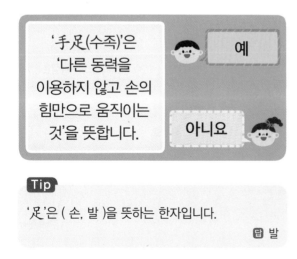

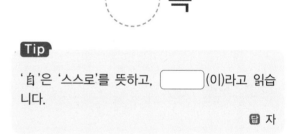

4 다음 설명에 해당하는 낱말을 찾아 ○표 하세요.

설명

싱싱하고 힘찬 기운을 뜻함.

Tip

'氣'는 '기운'을 뜻하고, ☐(이)라고 읽습니다.

답 기

5 다음에서 '어머니의 남자 형제를 부르거나 이르는 말'을 뜻하는 한자어를 찾아 ○표 하세요.

Tip

'寸'은 ☐을/를 뜻하는 한자입니다.

답 마디

6 다음 설명에 해당하는 낱말을 낱말판에서 찾아 ○표 하세요.

생	기	족	식
화	력	중	자
외	사	촌	립

설명

- 어느 편에 서지 않고 중간적인 입장에 서는 것.
- 남에게 예속되거나 의지하지 아니하고 스스로 서는 것.

Tip

'立'은 '서다'를 뜻하고, ☐(이)라고 읽습니다.

답 립

전략 1 한자어의 음(소리) 쓰기

다음 밑줄 친 漢字語한자어의 音(음: 소리)을 쓰세요.

보기

人名 → 인명

- 아침, 저녁으로 할머니의 <u>手足</u>을 주물러 드렸습니다. → (   )

답 수족

필수 예제 01

다음 밑줄 친 漢字語한자어의 音(음: 소리)을 쓰세요.

보기

男女 → 남녀

(1) 청소년들은 <u>氣力</u>이 왕성합니다. → (   )

(2) 봄을 맞이한 들판에는 <u>生氣</u>가 넘칩니다. → (   )

문장을 읽으며
한자어의 음(소리)이
무엇일지 생각해
봅니다.
Dumi

▶정답 8쪽

전략 2 한자의 뜻과 음(소리) 쓰기

다음 漢字한자의 訓(훈: 뜻)과 音(음: 소리)을 쓰세요.

보기

姓 → 성 **성**

• 自 → (   )

답 스스로 자

필수 예제 02

다음 漢字한자의 訓(훈: 뜻)과 音(음: 소리)을 쓰세요.

보기

孝 → 효도 **효**

(1) 食 → (   )

(2) 寸 → (   )

한자의
뜻과 음(소리)은
반드시 함께 알아
두어야 합니다.

전략 3 제시된 한자어 찾기

다음 밑줄 친 漢字語한자어를 보기 에서 찾아 그 번호를 쓰세요.

보기

① 火力　② 中立　③ 生氣　④ 自力

- 심판은 경기에서 <u>중립</u>을 지켜야 합니다. ➔ (　　　　)

답 ②

필수 예제 03

다음 밑줄 친 漢字語한자어를 보기 에서 찾아 그 번호를 쓰세요.

보기

① 自生　② 自立　③ 食水　④ 外三寸

(1) 이 마을은 우물물을 <u>식수</u>로 사용합니다. ➔ (　　　　)

(2) 동생을 챙겨 주면서 <u>자립</u>심을 키울 수 있었습니다. ➔ (　　　　)

한자어가 생각나지 않을 때는 한자의 뜻을 조합하여 문제를 풀어 봅니다.

▶정답 8쪽

전략 4 뜻과 음(소리)에 맞는 한자 찾기

다음 訓(훈: 뜻)과 音(음: 소리)에 맞는 漢字한자를 보기 에서 찾아 그 번호를 쓰세요.

보기

① 手 ② 氣 ③ 自 ④ 寸

• 기운 기 ➔ ( )

답 ②

필수 예제 04

다음 訓(훈: 뜻)과 音(음: 소리)에 맞는 漢字한자를 보기 에서 찾아 그 번호를 쓰세요.

보기

① 足 ② 力 ③ 立 ④ 食

(1) 발 족 ➔ ( )

(2) 힘 력 ➔ ( )

비슷한 모양의 한자를
고르지 않도록
주의해야 합니다.

[한자어의 음(소리) 쓰기]

1 다음 밑줄 친 漢字語한자어의 音(음: 소리)을 쓰세요.

우리 집은 채소를 재배하여 자급<u>自足</u>이 가능합니다.

→ (　　　　　　)

Tip
'自足'은 '스스로 넉넉한 느낌'을 뜻합니다.

[한자의 뜻과 음(소리) 쓰기]

2 다음 漢字한자의 訓(훈: 뜻)과 音(음: 소리)을 쓰세요.

보기

名 → 이름 **명**

• 手 → (　　　　　　)

Tip
'手'는 '손'을 뜻하는 한자입니다.

[한자의 뜻과 음(소리) 쓰기]

3 다음 漢字한자의 訓(훈: 뜻)과 音(음: 소리)을 쓰세요.

보기

孝 → 효도 **효**

• 氣 → (　　　　　　)

Tip
'氣'는 '기운'을 뜻하고, '기'라고 읽습니다.

▶정답 8쪽

[제시된 한자어 찾기]

4 다음 밑줄 친 漢字語한자어를 보기에서 찾아 그 번호를 쓰세요.

보기
① 外食 ② 食水 ③ 自立 ④ 手足

● 동생의 초등학교 입학을 축하하며 외식을 했습니다.

➔ ( )

Tip
'食'은 '밥(먹을)'을 뜻하고, '식'이라고 읽습니다.

[제시된 뜻에 맞는 한자어 찾기]

5 다음 뜻에 맞는 漢字語한자어를 보기에서 찾아 그 번호를 쓰세요.

보기
① 氣力 ② 自足 ③ 中立 ④ 火力

● 불이 탈 때 내는 열의 힘. ➔ ( )

Tip
'力'은 '힘'을 뜻하고, '력' 또는 '역'이라고 읽습니다.

[뜻과 음(소리)에 맞는 한자 찾기]

6 다음 訓(훈: 뜻)과 音(음: 소리)에 맞는 漢字한자를 보기에서 찾아 그 번호를 쓰세요.

보기
① 手 ② 足 ③ 立 ④ 寸

● 설 립 ➔ ( )

Tip
'立'은 '서다'를 뜻하고, '립' 또는 '입'이라고 읽습니다.

맞은 개수 ( ) 개

01 다음 ☐ 안에 들어갈 한자에 ○표 하세요.

水☐을 이용하여 발전기를 돌립니다.

力　　氣

02 다음 한자의 뜻과 음(소리)을 쓰세요.

보기

子 → 아들 **자**

(1) 足 → (　　　　　　)

(2) 立 → (　　　　　　)

03 다음 밑줄 친 한자어의 음(소리)을 쓰세요.

식생활이 변화하면서 <u>外食</u> 문화가 발달하고 있습니다.

→ (　　　　　　)

04 다음 뜻에 해당하는 한자어를 보기에서 찾아 그 번호를 쓰세요.

보기

① 自力　② 食水　③ 生氣

• 자기 혼자의 힘.

→ (　　　　　　)

05 다음 설명에 해당하는 한자어를 찾아 ◯표 하세요.

설명

어느 편에 서지 않고 중간적인 입장에 섬.

中立　　生氣

06 다음 뜻과 음(소리)에 해당하는 한자를 보기에서 찾아 그 번호를 쓰세요.

보기

① 手　② 自　③ 寸

- 스스로 자 ➜ (　　　　)

07 다음 한자의 뜻을 보기에서 찾아 그 번호를 쓰세요.

보기

① 힘　② 기운　③ 발

- 力 ➜ (　　　　)

08 다음 밑줄 친 낱말에 해당하는 한자어를 보기에서 찾아 그 번호를 쓰세요.

보기

① 自立　② 手足　③ 火力

- 기후 환경을 위해 석탄을 이용한 <u>화력</u> 발전을 폐기하기로 하였습니다.

➜ (　　　　)

창의 융합

1 위 대화에서 하루가 낸 문제의 정답을 힌트 에서 찾아 쓰세요.

힌트

生氣　　生日

답

▶정답 9쪽

창의 융합

2 위 대화를 읽고, 다운이가 견학을 다녀온 발전소를 한글로 쓰세요.

→ (   )

코딩

1 규칙 에 따라 미로를 탈출하며 만난 숫자에 ○표 하고, 도착한 한자어의 음(소리)을 쓰세요.

규칙

10만큼 거꾸로 뛰어서 세는 규칙

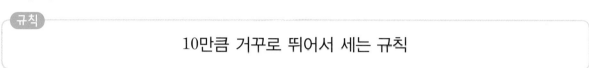

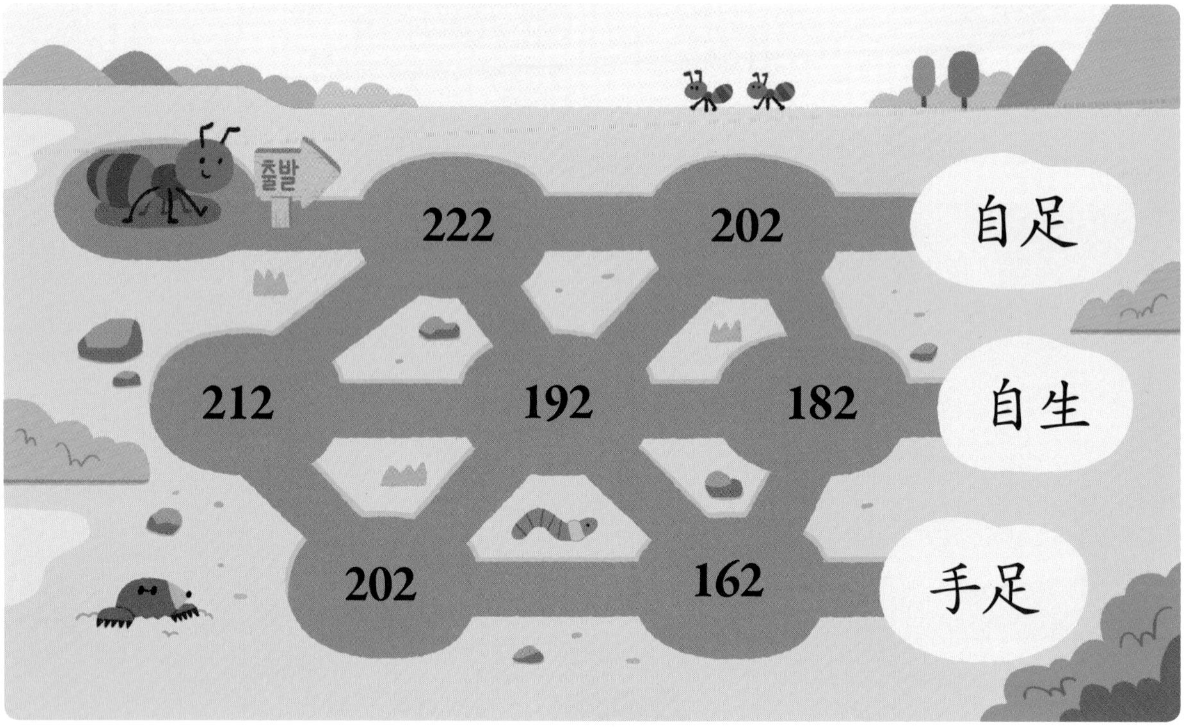

● 한자어의 음(소리) ➔ (　　　　　　)

창의 융합

2 다음 내용에서 뜻이 공통으로 사용된 한자를 보기 에서 찾아 쓰세요.

보기

氣　　力　　子

● 사람의 몸으로 활용할 수 있는 정신과 육체의 힘.
● 자기 혼자의 힘.
● 불이 탈 때 내는 열의 힘.

답

▶정답 9쪽

창의 융합

3 다음 포스터를 보고 ☐ 안에 들어갈 한자어를 찾아 그 번호를 쓰세요. (　　　　)

탄소 ㅈ ㄹ 실천 방안
대중교통 이용하기
상바구니 사용하기
스마트 영수증 받기
텀블러 사용하기
올바른 분리 배출하기

① 自足　　② 火力　　③ 中立　　④ 自生

창의 융합

4 친구들의 대화에서 밑줄 친 낱말에 해당하는 한자어를 찾아 ∨표 하세요.

기후 변화로 물 부족 현상이 심각하다는 뉴스를 봤어.
우리가 마시는 식수도 부족해지면 어떡하지?
식수가 부족해지지 않게 우리가 할 수 있는 일은 없을까?

☐ 外食　　☐ 食水　　☐ 生氣　　☐ 氣力

창의 융합

5 장난감 가게에서 다음 조건 으로 곰 인형을 판매한다고 합니다. 곰 인형이 들고 있는 카드와 곰 인형을 살 수 있는 사람의 한자 카드를 조합하여 한자어를 완성하세요.

조건
안경을 쓰고 반바지를 입은 손님

답 ☐ ☐

창의 융합

6 다음 글을 읽고, 밑줄 친 내용과 관련 있는 한자어를 찾아 ∨표 하세요.

하루네 가족은 이번 주말에 외할아버지 댁을 가기로 하였습니다. 하루는 제일 먼저 가방에 모형 비행기 만들기를 챙겼습니다. 왜냐하면 외할아버지 댁에 가면 하루처럼 비행기를 좋아하는 <u>엄마의 남자 형제</u>가 있기 때문입니다.

☐ 三寸

☐ 外食

☐ 外三寸

코딩

7 지선이가 목적지에 도착할 수 있도록 명령어 의 ☐ 안을 완성해 보세요.

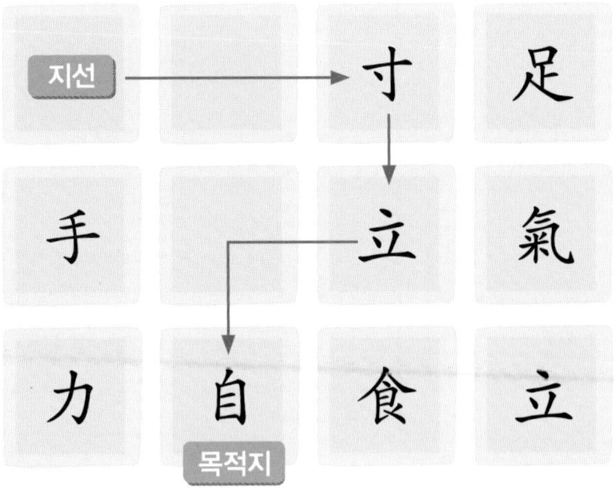

명령어

- 시작
- ↓
- 마디 촌 으로 2칸 오른쪽으로 가기
- ↓
- ☐(으)로 1칸 아래로 가기
- ↓
- 1칸 왼쪽으로 갔다가, ☐(으)로 다시 1칸 아래로 가기
- ↓
- 끝

창의 융합

8 다음 대화에서 밑줄 친 내용과 관련 있는 한자를 찾아 그 번호를 쓰세요.

(　　　　　)

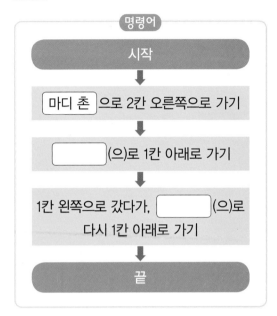

① 食　　② 寸　　③ 氣　　④ 手

전편 마무리 전략

휴~ 이제야 다 풀었어.
한자 공부는 정말 어려운 것 같아.
우리 한자 맞히기 게임을 해 볼까?
한글 '이름'과 뜻이 같은 한자어는?
姓名(성명)!
잘하는데?
이번엔 내가 문제를 낼게.
부모를 잘 섬기는 다운이 같은 子(아들)를 뜻하는 한자어는?
子
왕자?
정답! 王子(왕자)!

만화를 보고, 지금까지 배운 한자를 기억해 보세요.

1주 | 사람 한자

人 姓 名 男 女 生 孝 子

2주 | 신체 한자

手 足 氣 力 自 立 食 寸

신유형·신경향·서술형 전략

사람 한자

1 공원은 다양한 사람들이 이용하는 장소입니다. 그림을 보고 물음에 답하세요.

❶ 그림을 보고 母子는 ○표, 父女에는 △표 하세요.

❷ 그림에 나타난 사람과 관련 있는 한자의 뜻과 음(소리)을 쓰세요.

- 男 → (   )
- 女 → (   )

Tip

'男'의 뜻은 ❶ ______(이)고, '女'의 음(소리)은 ❷ ______입니다.

답 ❶ 사내 ❷ 여

▶정답 10쪽

사람 한자

2 천재네 가족은 할아버지와 할머니를 모시고 다 함께 국악 공연을 보러 갔습니다. 그림을 보고 물음에 답하세요.

❶ 가족들이 하는 대화를 읽고, ☐ 안에 들어갈 알맞은 낱말을 쓰세요.

- 할머니: 천재야, 오랜만에 판소리를 들으니 좋구나.
- 천재: 저 소리꾼 아주 유명한 사람이래요.
- 아빠: 천재야, 어떤 분야에서 기예가 뛰어난 사람을 ☐☐이라고 해.

❷ '부모를 잘 섬기는 아들'을 뜻하는 한자어를 보기 에서 찾아 쓰세요.

보기

孝子　　人名

답 ☐☐

Tip

'孝'의 음(소리)은 ❶ ☐(이)고, '子'의 뜻은 ❷ ☐입니다.

답 ❶ 효 ❷ 아들

신체 한자

3 다음 그림과 내용을 보고, 물음에 답하세요.

전략이는 친구들과 실내 놀이터에 갔습니다. 손과 발로 움직일 수 있는 다양한 기구들이 있어 열심히 뛰어놀았습니다. 너무 뛰었는지 얼마 놀지도 않았는데 기력이 떨어져 휴식을 취해야 했습니다.

❶ 전략이가 말한 '손'과 '발'에 해당하는 한자를 보기에서 찾아 쓰세요.

보기

手 氣 足 力

답 ( ), ( )

❷ 다음 한자어의 뜻을 보기에서 찾아 그 번호를 쓰세요.

보기

① 사람의 몸으로 활동할 수 있는 정신과 육체의 힘.

② 싱싱하고 힘찬 기운.

• 氣力 → ( )

Tip

'氣'의 뜻은 ❶ ( )(이)고, '力'의 음(소리)은 ❷ ( ) 입니다.

답 ❶ 기운 ❷ 력

▶정답 10쪽

신체 한자

4 다음 글을 읽고, 물음에 답하세요.

㉠화력은 불을 통해 얻는 에너지이며 생물 에너지와 함께 주요 동력원이었습니다.

㉡食水가 부족한 곳에서 태양열을 이용하여 더러운 물을 깨끗하게 만드는 기술이 개발되었습니다.

1 ㉠의 음(소리)에 해당하는 한자어를 보기에서 찾아 그 번호를 쓰세요.

보기

① 火力 ② 食水 ③ 中立 ④ 自生

- 화력 → (　　　　　　)

2 한자어 ㉡의 음(소리)을 쓰세요.

- 食水 → (　　　　　　)

Tip

'食'의 뜻은 ❶ [　　　](이)고, 음(소리)은 ❷ [　　　] 입니다.

답 ❶ 밥 또는 먹다 ❷ 식

[문제 01~02] 다음 밑줄 친 漢字語한자어의 音(음: 소리)을 쓰세요.

보기

白日 → 백일

  천재 학교 학생들은 선생님께 인사할 때 01男子, 02女子 모두 "효자되겠습니다." 라고 합니다. 주변에서 독특한 인사법으로 유명한 학교가 되었습니다.

01 男子 → (   )

02 女子 → (   )

[문제 03~04] 다음 漢字한자의 訓(훈: 뜻)과 音(음: 소리)을 쓰세요.

보기

第 → 아우 제

03 男 → (   )

04 名 → (   )

[문제 05~06] 다음 訓(훈: 뜻)과 音(음: 소리)에 알맞은 漢字한자를 보기 에서 찾아 그 번호를 쓰세요.

보기

① 生　　② 人

05

☐

사람 인

06

☐

날 생

[문제 07~08] 다음 밑줄 친 漢字語한자어를 보기 에서 찾아 그 번호를 쓰세요.

보기

① 人名　　② 名門

07 인명은 사람의 이름을 가리킵니다.

➜ (　　　　　)

08 우리 학교는 야구로 유명한 명문 초등학교입니다. ➜ (　　　　　)

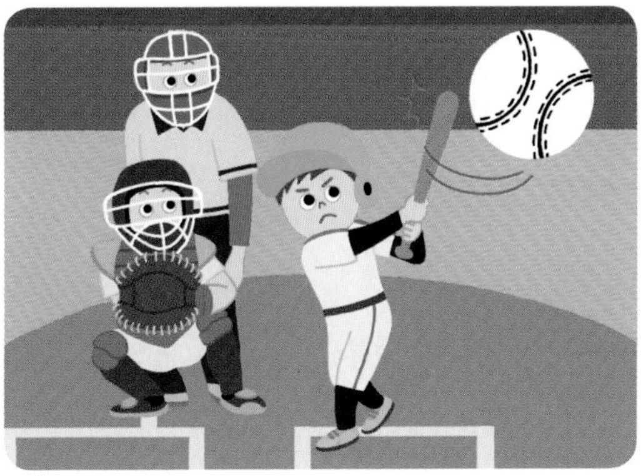

[문제 09~10] 다음 뜻에 맞는 漢字語한자어를 보기에서 찾아 그 번호를 쓰세요.

보기
① 長男 ② 父女

09 둘 이상의 아들 가운데 맏이가 되는 아들. ➔ (　　　　　)

10 아버지와 딸을 이르는 말.
➔ (　　　　　)

[문제 11~12] 다음 漢字한자의 상대 또는 반대되는 漢字한자를 보기에서 찾아 그 번호를 쓰세요.

보기
① 父 ② 男

11 女 ↔ (　　　　　)

12 子 ↔ (　　　　　)

▶정답 10쪽

[문제 13~14] 다음 訓(훈: 뜻)과 音(음: 소리)에 알맞은 漢字한자를 보기 에서 찾아 그 번호를 쓰세요.

보기

① 姓　　② 男

13 성 성 ➔ (　　　)

14 사내 남 ➔ (　　　)

[문제 15~16] 다음 漢字한자의 진하게 표시된 획은 몇 번째 쓰는지 보기 에서 찾아 그 번호를 쓰세요.

보기

① 다섯 번째　② 여섯 번째
③ 일곱 번째　④ 여덟 번째

15

(　　　)

16

(　　　)

[문제 01~02] 다음 밑줄 친 漢字語한자어의 音(음: 소리)을 쓰세요.

보기

名人 → 명인

우리 몸에 비타민이 부족하면 피부가 창백하고 생기가 없으며, 01手足 떨림과 02氣力이 떨어지는 현상이 나타납니다.

01 手足 → (   )

02 氣力 → (   )

[문제 03~04] 다음 漢字한자의 訓(훈: 뜻)과 音(음: 소리)을 쓰세요.

보기

孝 → 효도 효

03 食 → (   )

04 寸 → (   )

▶정답 10쪽

[문제 05~06] 다음 訓(훈: 뜻)과 音(음: 소리)에 알맞은 漢字한자를 보기 에서 찾아 그 번호를 쓰세요.

보기

① 立　　② 自

05

스스로 자

06

설 립

[문제 07~08] 다음 밑줄 친 漢字語한자어를 보기 에서 찾아 그 번호를 쓰세요.

보기

① 自生　　② 中立

07 이 지역에서 <u>자생</u>하는 꽃들은 대부분 국화과에 속합니다.

➜ (　　　　　)

08 스위스는 대표적인 <u>중립</u> 국가입니다.

➜ (　　　　　)

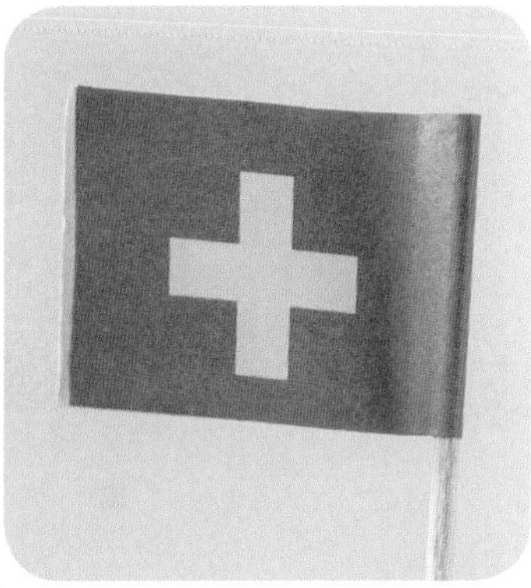

[문제 09~10] 다음 뜻에 맞는 漢字語한자어를 보기 에서 찾아 그 번호를 쓰세요.

보기
① 外三寸 ② 氣力

09 사람의 몸으로 활동할 수 있는 정신과 육체의 힘. ➔ (   )

10 어머니의 남자 형제를 이르거나 부르는 말. ➔ (   )

[문제 11~12] 다음 漢字한자의 상대 또는 반대되는 漢字한자를 보기 에서 찾아 그 번호를 쓰세요.

보기
① 足 ② 手

11 手 ↔ (   )

12 足 ↔ (   )

▶정답 10쪽

[문제 13~14] **다음 訓(훈: 뜻)과 音(음: 소리)에 알맞은 漢字한자를 보기 에서 찾아 그 번호를 쓰세요.**

보기

① 足　　② 寸

13 발 족 ➔ (　　　　)

14 마디 촌 ➔ (　　　　)

[문제 15~16] **다음 漢字한자의 진하게 표시된 획은 몇 번째 쓰는지 보기 에서 찾아 그 번호를 쓰세요.**

보기

① 세 번째　　② 네 번째
③ 일곱 번째　　④ 여덟 번째

15  (　　　　)

16  (　　　　)

교과 학습 한자어 | 01 |

급 식

給	食
줄 급	밥/먹을 식

뜻 식사를 공급함. 또는 그 식사.

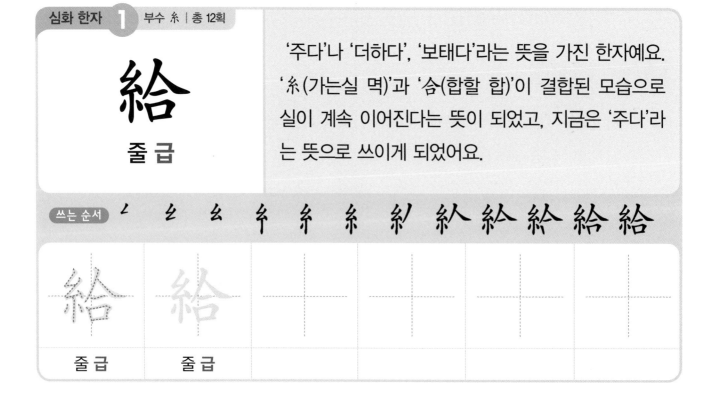

우리 학교는 12시에
給食(급식)을 먹습니다.

심화 한자 1

부수 糸 | 총 12획

給

줄 급

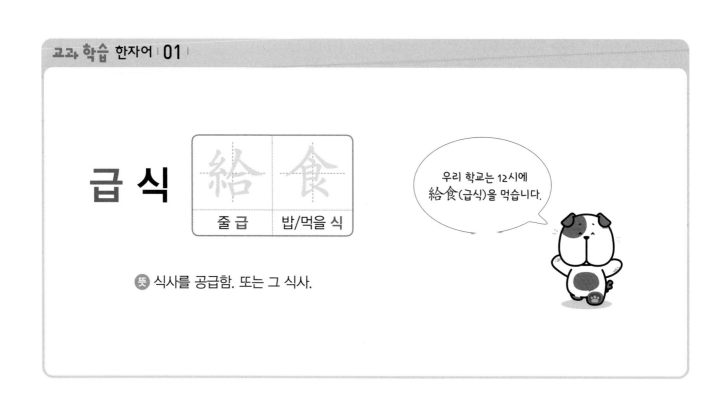

'주다'나 '더하다', '보태다'라는 뜻을 가진 한자예요. '糸(가는실 멱)'과 '合(합할 합)'이 결합된 모습으로 실이 계속 이어진다는 뜻이 되었고, 지금은 '주다'라는 뜻으로 쓰이게 되었어요.

쓰는 순서

給	給				
줄 급	줄 급				

교과 학습 한자어 | 02

경 기

景	氣
별 경	기운 기

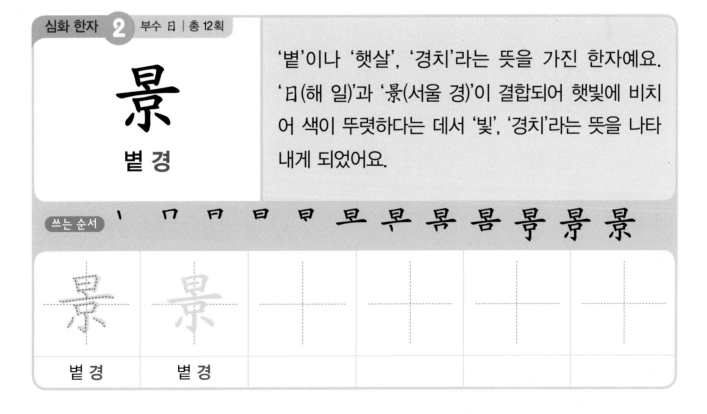

최근 景氣(경기)가
회복되어 시장이 활기를
띠고 있습니다.
Dumi

뜻 매매나 거래에 나타난 경제 활동의 상황.

심화 한자 2 부수 日 | 총 12획

景

별 경

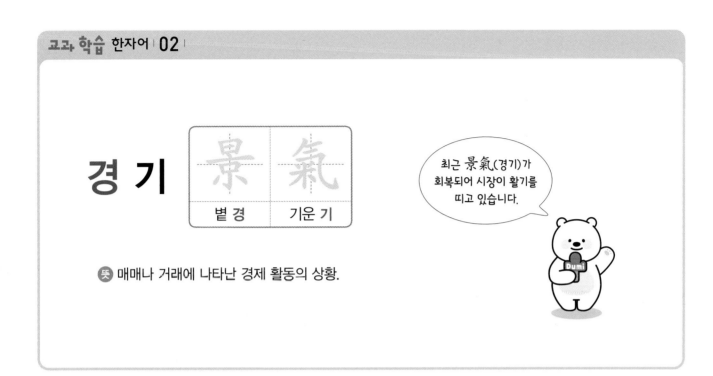

'별'이나 '햇살', '경치'라는 뜻을 가진 한자예요. '日(해 일)'과 '京(서울 경)'이 결합되어 햇빛에 비치어 색이 뚜렷하다는 데서 '빛', '경치'라는 뜻을 나타내게 되었어요.

쓰는 순서 景

景	景				
별 경	별 경				

죄인

罪	人
허물 죄	사람 인

罪人(죄인)은 마땅한 벌을 받아야 합니다.

뜻 죄를 지은 사람.

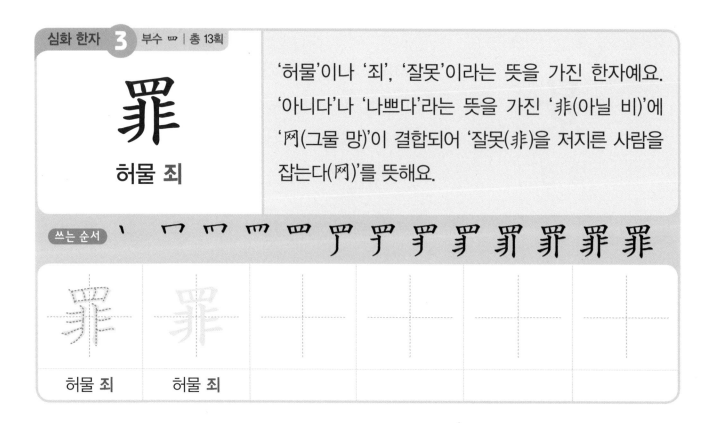

심화 한자 3 부수 罒 | 총 13획

罪
허물 죄

'허물'이나 '죄', '잘못'이라는 뜻을 가진 한자예요. '아니다'나 '나쁘다'라는 뜻을 가진 '非(아닐 비)'에 '网(그물 망)'이 결합되어 '잘못(非)을 저지른 사람을 잡는다(网)'를 뜻해요.

쓰는 순서 丶 冖 罒 罒 罒 罘 罘 罪 罪 罪 罪 罪 罪

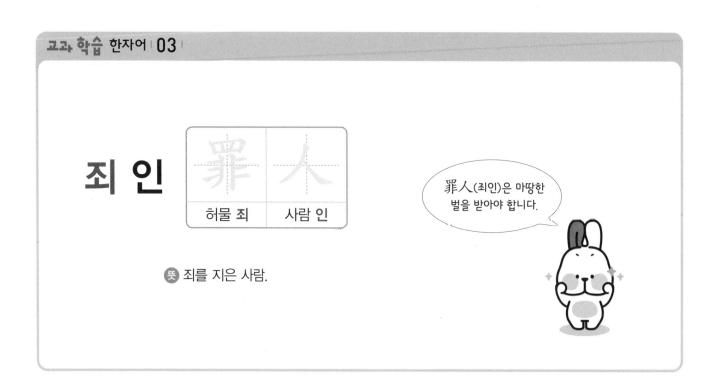

罪	罪				
허물 죄	허물 죄				

▶정답 11쪽

1 다음 뜻에 해당하는 한자어를 찾아 선으로 이으세요.

식사를 공급함. 또는 그 식사. •

• 給水

• 給食

2 '景氣'의 뜻으로 알맞은 것을 찾아 ○표 하세요.

매매나 거래에 나타난 경제 활동의 상황.

운동이나 기술 등에서 재주나 능력을 서로 겨루는 일.

3 다음 뜻에 해당하는 한자어를 찾아 ○표 하세요.

죄를 지은 사람.

罪人 名人

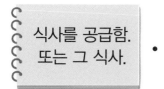

한자

한자어

ㅈ

ㅎ

메모

전편을 모두 공부하느라
수고 많았어요!

쑥쑥 오른 한자 실력으로
어려운 문제도 척척 풀 수 있을 거예요.

이제는 후편을 공부하며
차근차근 한자 실력을 길러 볼까요?

어떤 한자가 우리를 기다리고 있을지
준비, 출발!

한자 전략

2단계 A 7급 Ⅱ ①

후편

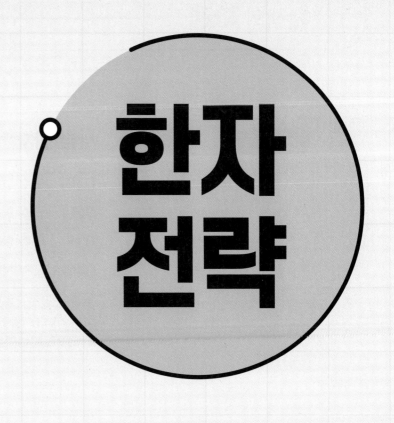

이 책의 차례

전편

1주

사람 한자 8쪽

2주

신체 한자 42쪽

마무리

후편

1주

나라 한자 6쪽

2주

자연 한자 40쪽

마무리

7급Ⅱ 배정 한자 총 100자

ㄱ				
家 집 가	間 사이 간	江 강 강	車 수레 거/수레 차	空 빌 공
工 장인 공	敎 가르칠 교	校 학교 교	九 아홉 구	國 나라 국
軍 군사 군	金 쇠 금|성 김	記 기록할 기	氣 기운 기	ㄴ 男 사내 남
南 남녘 남	內 안 내	女 여자 녀	年 해 년	農 농사 농
ㄷ 答 대답 답	大 큰 대	道 길 도	東 동녘 동	動 움직일 동
ㄹ 力 힘 력	六 여섯 륙	立 설 립	ㅁ 萬 일만 만	每 매양 매
名 이름 명	母 어머니 모	木 나무 목	門 문 문	物 물건 물
民 백성 민	ㅂ 方 모 방	白 흰 백	父 아버지 부	北 북녘 북|달아날 배
不 아닐 불	ㅅ 四 넉 사	事 일 사	山 메 산	三 석 삼
上 윗 상	生 날 생	西 서녘 서	先 먼저 선	姓 성 성

世	小	手	水	時
인간 세	작을 소	손 수	물 수	때 시
市	食	室	十	ㅇ 安
저자 시	밥/먹을 식	집 실	열 십	편안 안
午	五	王	外	右
낮 오	다섯 오	임금 왕	바깥 외	오를/오른(쪽) 우
月	二	人	一	日
달 월	두 이	사람 인	한 일	날 일
ㅈ 自	子	長	場	電
스스로 자	아들 자	긴 장	마당 장	번개 전
前	全	正	弟	足
앞 전	온전 전	바를 정	아우 제	발 족
左	中	直	ㅊ 青	寸
왼 좌	가운데 중	곧을 직	푸를 청	마디 촌
七	ㅌ 土	ㅍ 八	平	下
일곱 칠	흙 토	여덟 팔	평평할 평	아래 하
學	韓	漢	海	ㅎ 兄
배울 학	한국/나라 한	한수/한나라 한	바다 해	형 형
話	火	活	孝	後
말씀 화	불 화	살 활	효도 효	뒤 후

1주 나라 한자

다운아, 너는 어떤 과목을 좋아해?
난 사회. 내가 체육을 좋아하는 줄 알았지?
여기 있는 줄 모르고 한참 찾아다녔잖아.
우리 어제 사회 시간에 배운 나라[國]에 관련된 퀴즈 놀이하는 거 어때?
좋아, 내 실력을 나도 못 믿긴 하지만…….
우리 집에 가서 퀴즈 놀이하자.
그럼, 문제는 내가 낼게. 시(市)에 사는 사람을 뭐라고 할까?

학습할 한자

❶ 漢 한수/한나라 **한** ❷ 韓 한국/나라 **한** ❸ 國 나라 **국** ❹ 家 집 **가**
❺ 市 저자 **시** ❻ 安 편안 **안** ❼ 道 길 **도** ❽ 場 마당 **장**

급수 한자 돌파 전략 ❶

점선 위로 겹쳐서 한자를 써 보세요.

연한 글씨 위로 겹쳐서 한자를 따라 써 보세요.

한자 1 부수 水(氵) | 총 14획

漢

한수/한나라 한

중국 중부 지역에서 번성했던 한족을 나타낸 한자로 한수(땅 이름), [　　　　]을/를 뜻해요.

답 한나라

쓰는 순서 丶 丶 氵 氵 汁 汁 沖 沖 浩 浩 漟 漟 漢 漢

漢	漢					
한수/한나라 한	한수/한나라 한					

한자 2 부수 韋 | 총 17획

韓

한국/나라 한

햇빛이 성을 비추는 모습에서 ❶ [　　　　], 우리나라인 ❷ [　　　　]을/를 뜻하게 되었어요.

답 ❶ 나라 ❷ 한국

쓰는 순서 一 十 十 古 古 古 直 卓 卓 卓 韓 韓 韓 韓 韓 韓 韓

韓	韓					
한국/나라 한	한국/나라 한					

한자 기초 확인

▶정답 11쪽

1 한자 '한수/한나라 한'을 모두 찾아 ○표 하세요.

2 한자 '韓'과 관련 있는 옷을 입은 학생을 찾아 ○표 하세요.

점선 위로 겹쳐서 한자를 써 보세요.

연한 글씨 위로 겹쳐서 한자를 따라 써 보세요.

한자 3 부수 口 | 총 11획

國

나라 국

창을 들고 성벽을 경비하는 모습을 나타낸 한자로 (   )을/를 뜻해요.

답 나라

쓰는 순서 丨 冂 … 國

약자 国

國	國				
나라 국	나라 국				

한자 4 부수 宀 | 총 10획

家

집 가

옛날에는 집 안에서 돼지(豕)를 길렀기 때문에 (   )을/를 뜻하게 되었어요.

답 집

쓰는 순서 丶 丶 宀 … 家

家	家				
집 가	집 가				

▶정답 11쪽

3 그림에서 한자 '나라 국'을 따라가 미로를 탈출하세요.

4 다음 퀴즈의 정답을 바르게 말한 학생을 찾아 ○표 하세요.

1 다음 한자 카드에 들어갈 한자를 찾아 ○표 하세요.

나라/한국 한

漢

韓

2 친구들이 들고 있는 한자의 뜻과 음(소리)을 보기 에서 찾아 그 번호를 쓰세요.

보기

① 집 가　　② 한수/한나라 한　　③ 나라 국

3 다음 뜻에 해당하는 한자를 찾아 ∨표 하세요.

□ 韓　　□ 國　　□ 家

4 다음 한자의 음(소리)으로 알맞은 것을 찾아 선으로 이으세요.

·

·

5 다음 문장의 내용이 맞으면 '예', 틀리면 '아니요'에 ○표 하세요.

'韓'의 뜻과 음(소리)은 '나라 국'입니다.

6 다음 한자 카드에 들어갈 뜻과 음(소리)을 쓰세요.

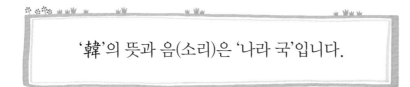

을/를 뜻하고,

(이)라고 읽습니다.

급수 한자 돌파 전략 ❶

점선 위로 겹쳐서 한자를 써 보세요.

연한 글씨 위로 겹쳐서 한자를 따라 써 보세요.

한자 1 | 부수 巾 | 총 5획

市

저자 시

시장에서 왁자지껄한 소리가 울려 퍼지는 모습을 나타낸 한자로, [   ]을/를 뜻해요.

답 저자(시장)

쓰는 순서

市	市				
저자 시	저자 시				

한자 2 | 부수 宀 | 총 6획

安

편안 안

'여자 녀'가 집 안에 편히 앉아 있는 모습에서 [   ](이)라는 뜻이 생겼어요.

답 편안

쓰는 순서

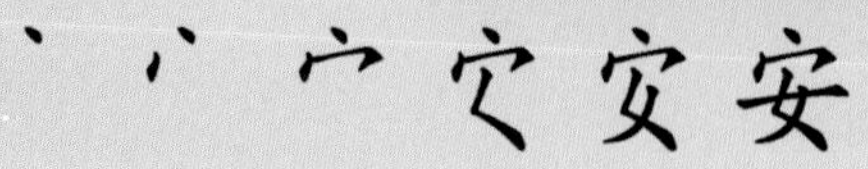

安	安				
편안 안	편안 안				

한자 기초 확인

▶정답 12쪽

1 한자 카드와 한자가 바르게 짝지어진 것에 ○표 하세요.

저자 시

市

편안 안

市

2 다음 학생이 찾는 알맞은 한자 카드에 ○표 하세요.

급수 한자 돌파 전략 ❶

점선 위로 겹쳐서 한자를 써 보세요.

연한 글씨 위로 겹쳐서 한자를 따라 써 보세요.

한자 3 부수 辵(辶) | 총 13획

道

길 도

사람이 가야 할 올바른 길이라는 의미에서 (   )이나 '도리'를 뜻하게 되었어요.

답 길

쓰는 순서 丶 丷 䒑 亠 䒑 丷 首 首 首 首 首 道 道 道

道	道				
길 도	길 도				

한자 4 부수 土 | 총 12획

場

마당 장

넓은 마당에 햇빛이 내리쬐고 있는 모습에서 (   )을/를 뜻하게 되었어요.

답 마당

쓰는 순서 一 十 土 圠 坦 坦 坦 埕 埕 場 場 場

場	場				
마당 장	마당 장				

▶정답 12쪽

3 그림 속 학생들이 등교하는 '길'을 뜻하는 한자에 ○표 하세요.

場	漢	道

4 한자 '場'의 뜻과 어울리는 그림을 찾아 ∨표 하세요.

1주 02일 급수 한자 돌파 전략 ❷

1 다음 한자의 뜻으로 알맞은 것을 찾아 ∨표 하세요.

☐ 저자　　☐ 편안

2 다음 문장의 내용이 맞으면 '예', 틀리면 '아니요'에 ○표 하세요.

'安'은 '편안'을 뜻하고, '편'이라고 읽습니다.

예　　아니요

3 다음 밑줄 친 낱말에 해당하는 한자를 찾아 ○표 하세요.

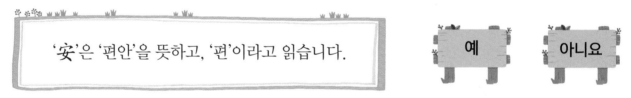

<u>길</u>을 걷다가 고양이를 만났습니다.

道　　市

▶정답 13쪽

4 다음 한자의 뜻과 음(소리)으로 알맞은 것을 찾아 ○표 하세요.

道

저자 시 | 길 도

場

길 도 | 마당 장

5 다음 한자의 뜻과 음(소리)으로 알맞은 것을 찾아 선으로 이으세요.

場 •	• 마당 •	• 시
市 •	• 저자(시장) •	• 장

6 다음 한자 카드에 들어갈 한자를 쓰세요.

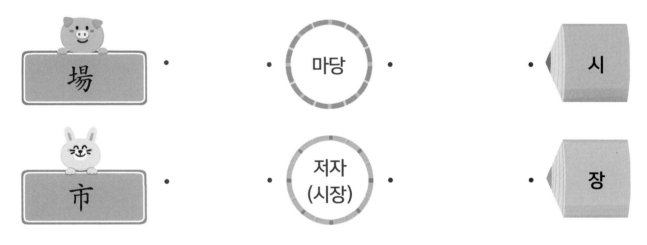

편안 안

답

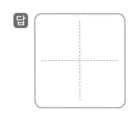

1주 03일 급수 한자어 대표 전략 ❶

대표 한자어 | 01 |

한 학

漢	學
한수/한나라 **한**	배울 **학**

뜻 한문을 연구하는 학문.

최근에 발간된
漢學(한학) 입문서를
사려고 하는데,
어디로 가면 될까?

대표 한자어 | 02 |

한 식

韓	食
한국/나라 **한**	밥/먹을 **식**

뜻 우리나라 고유의 음식이나 식사.

나는 양식보다
韓食(한식)을
더 좋아해!

항상 널 응원해!

대표 한자어 | 03 |

국립

國	立
나라 국	설 립

뜻 공공의 이익을 위하여 나라의 예산으로 세우고 관리함.

국력

國	力
나라 국	힘 력

뜻 한 나라가 가지고 있는 모든 힘.

우리나라에서는 자연 경치가 뛰어난 지역을 國立(국립) 공원으로 지정하여 관리하고 있어.

경쟁력을 가지려면 國力(국력)을 키워야 해.

대표 한자어 | 04 |

대가

大	家
큰 대	집 가

뜻 전문 분야에서 뛰어나 권위를 인정받는 사람.

국가

國	家
나라 국	집 가

뜻 일정한 영토와 그곳에 사는 사람들로 구성되어 통치권을 가지고 있는 공동체/나라.

그는 세계적으로 인정받은 피아노의 大家(대가)야.

그 피아니스트는 國家(국가)의 이름을 알리는 데 큰 역할을 했어.

대표 한자어 | 05 |

시립

市	立
저자 시	설 립

뜻 공공의 이익을 위하여 시(市)의 예산으로 세우고 관리함.

시민

市	民
저자 시	백성 민

뜻 시(市)에 사는 사람. 또한 나라의 정치에 참여할 수 있는 권리를 가진 사람.

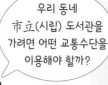

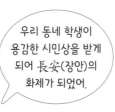

우리 동네 市立(시립) 도서관을 가려면 어떤 교통수단을 이용해야 할까?

시립 도서관

市民(시민)의 발인 버스를 이용하면 돼.

대표 한자어 | 06 |

장안

長	安
긴 장	편안 안

뜻 수도라는 뜻으로, '서울'을 이르는 말.

우리 동네 학생이 용감한 시민상을 받게 되어 長安(장안)의 화제가 되었어.

항상 널 응원해!

대표 한자어 | 07 |

역도 力道

力 힘 력 | 道 길 도

뜻 무거운 역기를 들어 올려 그 무게를 겨루는 경기.

효도 孝道

孝 효도 효 | 道 길 도

뜻 부모를 잘 섬기는 도리/부모를 정성껏 잘 섬기는 일.

이번 올림픽 경기에서 力道(역도) 경기가 정말 재미있었어.
메달을 딴 선수가 부모님께 孝道(효도) 하겠다고 말한 것도 감동적이었어!

참고 '力'이 낱말의 맨 앞에 올 때는 '역'이라고 읽어요.

대표 한자어 | 08 |

도장 道場

道 길 도 | 場 마당 장

뜻 무예를 연습하거나 가르치는 곳.

시장 市場

市 저자 시 | 場 마당 장

뜻 여러 가지 상품을 사고파는 일정한 장소.

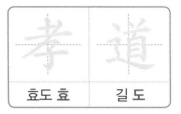

태권도
태권도 道場(도장)에 가는 길은 언제나 즐거워.
맞아. 볼거리, 먹을거리가 있는 市場(시장)을 지나야 도장에 갈 수 있어.

1 다음 문장의 내용이 맞으면 '예', 틀리면 '아니요'에 ○표 하세요.

'漢學(한학)'은 '한문을 연구하는 학문'을 뜻합니다.

예

아니요

Tip

'漢'은 (한수/한나라, 한국/나라)를 뜻하는 한자입니다.

답 한수/한나라

2 다음 뜻에 해당하는 낱말을 찾아 선으로 이으세요.

시(市)에 사는 사람.	• •	시립
시(市)의 예산으로 세우고 관리함.	• •	시민

Tip

'市'는 [   ]을/를 뜻하고, '시'라고 읽습니다.

답 저자(시장)

3 ◌에 알맞은 글자를 넣어 낱말을 만드세요.

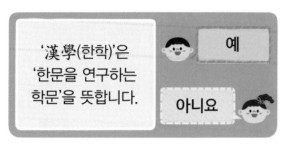

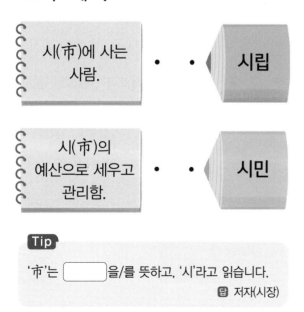

부모를 잘 섬기는 도리/
부모를 정성껏 잘 섬기는 일.

효 ◌

Tip

'孝道'의 '道'는 '길'을 뜻하고, [   ](이)라고 읽습니다.

답 도

4 다음 뜻에 해당하는 낱말을 찾아 ○표 하세요.

Tip

'韓'은 [ ]을/를 뜻하고, '한'이라고 읽습니다.

답 한국/나라

5 '大家(대가)'의 뜻을 바르게 설명한 것에 ○표 하세요.

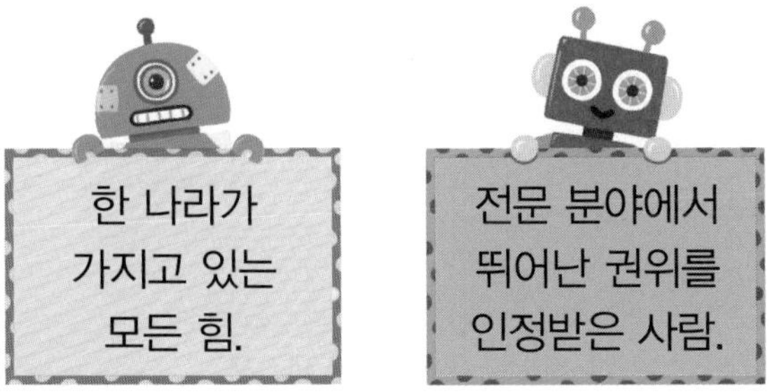

Tip

'大家'의 '家'는 [ ]을/를 뜻하는 한자입니다.

답 집

6 다음 낱말 퍼즐을 푸세요.

	❶	장	
❷	립		
		❸	❹
			장

가로 열쇠

❶ 여러 가지 상품을 사고파는 일정한 장소.
❷ 나라의 예산으로 세우고 관리함.
❸ 부모를 잘 섬기는 도리.

세로 열쇠

❶ 시(市)의 예산으로 세우고 관리함.
❷ 나라.
❹ 무예를 연습하거나 가르치는 곳.

Tip

'나라'와 비슷한 뜻이 있는 한자어는 [ ]입니다.

답 국가

1주 04일 급수시험 체크 전략 ❶

전략 1 한자어의 음(소리) 쓰기

다음 밑줄 친 漢字語한자어의 音(음: 소리)을 쓰세요.

보기

自立 ➜ 자립

• 나는 오늘 가족과 함께 <u>國立</u> 극장에 판소리 공연을 보러 갑니다. ➜ (　　　　)

답 국립

필수 예제 01

다음 밑줄 친 漢字語한자어의 音(음: 소리)을 쓰세요.

보기

氣力 ➜ 기력

(1) 외국인들이 자주 찾는 그 식당은 <u>韓食</u>으로 유명합니다. ➜ (　　　　)

(2) <u>大家</u>들의 발자취를 통해 우리 문화의 우수성을 깨달았습니다. ➜ (　　　　)

문장을 읽으며
한자어의 음(소리)이
무엇일지 생각해
봅니다.
Dumi

▶정답 14쪽

전략 2 한자의 뜻과 음(소리) 쓰기

다음 漢字한자의 訓(훈: 뜻)과 音(음: 소리)을 쓰세요.

보기

自 ➜ 스스로 **자**

• 漢 ➜ (   )

답 한수/한나라 한

필수 예제 02

다음 漢字한자의 訓(훈: 뜻)과 音(음: 소리)을 쓰세요.

보기

立 ➜ 설 **립**

(1) 家 ➜ (   )

(2) 場 ➜ (   )

'한국어문회'에서
제시한 대표
뜻과 음(소리)을
꼭 알아 두어야 합니다.

전략 3 제시된 한자어 찾기

다음 밑줄 친 漢字語한자어를 보기 에서 찾아 그 번호를 쓰세요.

보기

① 力道 ② 長安 ③ 國家 ④ 孝道

● 부모님은 자식들에게 효도를 받으면 언제나 기뻐하십니다. → (　　　　)

답 ④

필수 예제 03

다음 밑줄 친 漢字語한자어를 보기 에서 찾아 그 번호를 쓰세요.

보기

① 市場 ② 市民 ③ 國力 ④ 漢學

(1) 전통 시장에서는 훈훈한 인정을 느낄 수 있습니다. → (　　　　)

(2) 투표를 하는 것은 민주 시민의 권리입니다. → (　　　　)

먼저 글 속에 쓰인 말의 뜻을 알아내고, 그 뜻에 해당하는 한자어를 찾아내도록 합니다.

▶정답 14쪽

전략 4 뜻과 음(소리)에 맞는 한자 찾기

다음 訓(훈: 뜻)과 音(음: 소리)에 맞는 漢字한자를 보기 에서 찾아 그 번호를 쓰세요.

보기

① 漢　② 家　③ 安　④ 市

● 편안 안 → (　　　　　)

답 ③

필수 예제 04

다음 訓(훈: 뜻)과 音(음: 소리)에 맞는 漢字한자를 보기 에서 찾아 그 번호를 쓰세요.

보기

① 市　② 場　③ 道　④ 韓

(1) 저자 시 → (　　　　　)

(2) 길 도 → (　　　　　)

한자의 뜻과 음(소리)을
정확하게 구분하여
알아 두어야 합니다.
예 一 한 일
뜻 음(소리)

급수 시험 체크 전략 ❷

[한자어의 음(소리) 쓰기]

1 **다음 밑줄 친 漢字語한자어의 音(음: 소리)을 쓰세요.**

國力을 주제로 한 토론회를 방송으로 시청했습니다.

➔ (   )

Tip

'國力'의 '國'은 '나라'를 뜻하고, '국'이라고 읽습니다.

[한자의 뜻과 음(소리) 쓰기]

2 **다음 漢字한자의 訓(훈: 뜻)과 音(음: 소리)을 쓰세요.**

보기

食 ➔ 밥/먹을 **식**

● 安 ➔ (   )

Tip

'安'은 '편안'을 뜻하는 한자입니다.

[뜻과 음(소리)에 맞는 한자 찾기]

3 **다음 訓(훈: 뜻)과 音(음: 소리)에 맞는 漢字한자를 보기 에서 찾아 그 번호를 쓰세요.**

보기

① 韓　② 漢　③ 安　④ 場

● 한수/한나라 한 ➔ (   )

Tip

'한수/한나라'를 뜻하는 한자는 '漢'이고, '한'이라고 읽습니다.

▶정답 14쪽

[제시된 한자어 찾기]

4 다음 밑줄 친 漢字語한자어를 보기 에서 찾아 그 번호를 쓰세요.

보기

① 國立　② 市立　③ 市場　④ 力道

● 나는 어제 엄마와 시립 무용단의 발레 공연을 보았습니다.

➜ (　　　　　　　)

Tip

'市'는 '저자(시장)'를 뜻하고, '시'라고 읽습니다.

[한자의 뜻과 음(소리) 쓰기]

5 다음 漢字한자의 訓(훈: 뜻)과 音(음: 소리)을 쓰세요.

보기

寸 ➜ 마디 **촌**

● 道 ➜ (　　　　　　　)

Tip

'道'는 '길'을 뜻하는 한자입니다.

[제시된 뜻에 맞는 한자어 찾기]

6 다음 뜻에 맞는 漢字語한자어를 보기 에서 찾아 그 번호를 쓰세요.

보기

① 國立　② 國力　③ 孝道　④ 國家

● 일정한 영토와 그곳에 사는 사람들로 구성되어 통치권을 가지고 있는 공동체/나라.

➜ (　　　　　　　)

Tip

'國力'의 '力'은 '힘'을 뜻하고, '國家'의 '家'는 '집'을 뜻합니다.

맞은 개수 개

01 다음 그림에 해당하는 한자를 찾아 선으로 이으세요.

家 國

02 다음 한자의 뜻과 음(소리)을 쓰세요.

보기
氣 → 기운 **기**

(1) 安 → (   )

(2) 韓 → (   )

03 다음 □ 안에 들어갈 한자를 보기에서 찾아 그 번호를 쓰세요.

보기
① 安 ② 韓 ③ 道

- 오늘 저녁은 □ 식당에서 불고기를 먹었습니다.

→ (   )

04 한자 카드가 바르게 쓰인 것을 찾아 ∨표 하세요.

□  市 저자 시

□  韓 마당 장

▶정답 14쪽

05 다음 밑줄 친 한자어의 음(소리)을 쓰세요.

道場에서 열린 승급심사
예비 훈련을 통과하였습니다.

➜ (　　　　　　)

06 다음 뜻과 음(소리)에 해당하는 한자를 보기에서 찾아 그 번호를 쓰세요.

보기
① 漢　② 韓　③ 安

- 한국/나라 한 ➜ (　　　　　　)

07 다음 한자의 뜻을 보기에서 찾아 그 번호를 쓰세요.

보기
① 길　② 집　③ 마당

- 家 ➜ (　　　　　　)

08 다음 낱말 퍼즐의 □ 안에 들어갈 한자를 보기에서 찾아 그 번호를 쓰세요.

보기
① 國　② 市　③ 場

□	가
력	

➜ □가: (비슷한 말) 나라.

↓ □력: 한 나라가 가지고 있는 모든 힘.

➜ (　　　　　　)

창의·융합·코딩 전략 ❶

다운아!
넌 취미가 뭐야?
난 역사책
읽는 걸 좋아해.
초한지
만화
삼국지
만화책이잖아.
이게 역사책이라고?
초한지
그럼, 문제를
낼 테니 맞혀봐.
중국 한(漢)나라의
수도는?
어… 어… 어디서
본 것 같은데…….
漢
저요! 저요!
'長安'이에요.
딩동댕! 長安은
수도라는 뜻으로
'서울'을 말하기도 해.

창의 융합

1 위 대화를 읽고, '수도'를 뜻하는 한자어를 한글로 쓰세요.

➔ (   )

▶정답 14쪽

창의 융합

2 위 대화에서 아름이가 말한 한자어 가운데 설명과 관련된 한자어를 찾아 쓰세요.

설명
여러 가지 상품을 사고파는 일정한 장소.

답

1주 창의·융합·코딩 전략 ❷

코딩

1 '출발' 지점에서 명령어 대로 이동했을 때 만나는 한자를 쓰세요.

명령어

시작
↓
아래쪽으로 1칸
↓
왼쪽으로 2칸
↓
아래쪽으로 1칸
↓
끝

		출발
市		
	漢	
安	場	家

답

창의 융합

2 다음 학생들의 대화에서 ☐ 안에 공통으로 들어갈 한자어를 찾아 ○표 하세요.

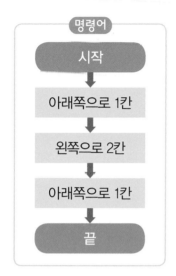

어제 서울시 걷기대회에 참가한 ☐ 들의 열기가 정말 대단했어.
그래? 나도 ☐ 들의 열기를 느껴 보고 싶네.

漢學　　市民　　國立　　市立

코딩

3 규칙 에 따라 미로를 탈출하며 만난 숫자에 ○표 하고, 도착한 한자어의 음(소리)을 쓰세요.

규칙

20만큼 뛰어서 세는 규칙

• 한자어의 음(소리) ➔ (   )

창의 융합

4 한자어 '韓食'에 해당하는 그림을 모두 찾아 ○표 하세요.

창의 융합

5 다음 그림에 해당하는 한자어를 보기 에서 찾아 그 번호를 쓰세요.

보기

① 市場 ② 韓國 ③ 大家 ④ 孝道

창의 융합

6 다음 글을 읽고, 밑줄 친 낱말의 뜻을 가진 한자를 찾아 그 번호를 쓰세요.

( )

하늘이네 아파트는 층간소음으로 주민들의 불평이 많이 접수되고 있습니다. 이러한 문제는 하늘이네 아파트뿐만 아니라, 온 <u>나라</u>의 사회적 문제로도 번지고 있습니다. 우리는 이 문제를 해결하기 위해 어떤 노력이 필요할까요?

① 國 ② 家 ③ 安 ④ 市

▶정답 15쪽

코딩

7 문제 대로 명령어 버튼 을 눌렀을 때 만들어진 한자로 한자어를 완성하세요.

명령어 버튼

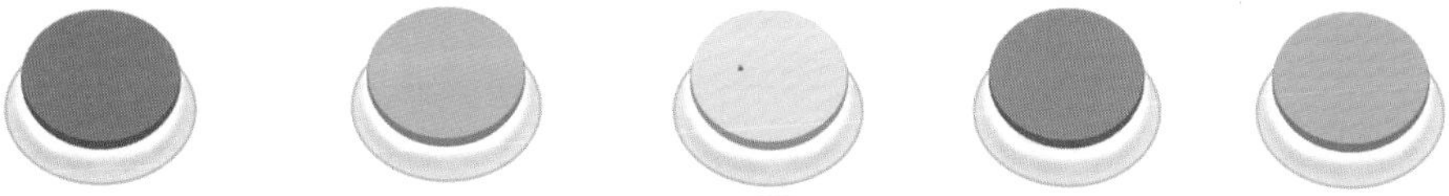

‘市’를 가져옴. ‘長’을 가져옴. ‘安’을 가져옴. 그리고 취소

문제

창의 융합

8 다음 조건 을 모두 만족시키는 사람을 그림에서 찾아 ○표 하세요.

조건

國家 力道

2주 자연 한자

힘들어~
으쌰 으쌰
체험 학습은 놀이공원으로 가야 하는데 아쉽다.
나는 흙[土]이 있고 평평한[平] 땅이 있는 곳이 좋은데.
흙과 땅에 강[江]이나 바다[海]를 더하면 최고지.
야호~
와! 언덕을 넘으니 강이 보이네.
이럴 수가… 그래도 공기는 좋다.

학습할 한자

❶ 土 흙 **토** ❷ 平 평평할 **평** ❸ 江 강 **강** ❹ 海 바다 **해**
❺ 時 때 **시** ❻ 每 매양 **매** ❼ 午 낮 **오** ❽ 電 번개 **전**

급수 한자 돌파 전략 ❶

점선 위로 겹쳐서 한자를 써 보세요.

연한 글씨 위로 겹쳐서 한자를 따라 써 보세요.

한자 1 부수 土 | 총 3획

土

흙 토

땅 위에 흙덩어리가 뭉쳐 있는 모습에서 [ ]을/를 뜻하게 되었어요.

답 흙

쓰는 순서 一 十 土

土	土				
흙 토	흙 토				

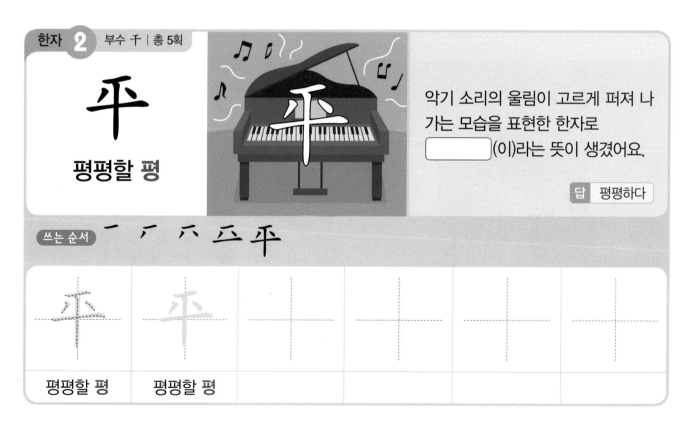

한자 2 부수 干 | 총 5획

平

평평할 평

악기 소리의 울림이 고르게 퍼져 나가는 모습을 표현한 한자로 [ ](이)라는 뜻이 생겼어요.

답 평평하다

쓰는 순서 一 ㇀ 亠 亞 平

平	平				
평평할 평	평평할 평				

한자 기초 확인

▶정답 15쪽

1 그림에 해당하는 한자를 보기 에서 찾아 쓰세요.

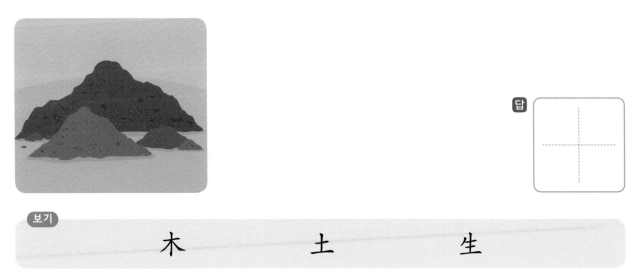

답

보기

木　　土　　生

2 그림에 어울리는 한자의 뜻과 음(소리)을 쓰세요.

뜻은
(이)고
음(소리)은
(이)라고
읽습니다.
平

점선 위로 겹쳐서 한자를 써 보세요.

연한 글씨 위로 겹쳐서 한자를 따라 써 보세요.

한자 3 부수 水(氵) | 총 6획

江

강 강

흙을 높이 쌓아 넘치는 강물을 다스린다는 의미로, (　　　)을/를 나타내요.

답 강

쓰는 순서 丶 丶 氵 氵 汀 江

江	江				
강 강	강 강				

한자 4 부수 水(氵) | 총 10획

海

바다 해

파도가 치는 거센 물을 나타내는 것으로, 크고 넓은 (　　　)을/를 뜻해요.

답 바다

쓰는 순서 丶 丶 氵 氵 氵 汇 海 海 海 海

海	海				
바다 해	바다 해				

한자 기초 확인

▶정답 15쪽

3 한자 '江'의 뜻과 음(소리)이 쓰인 배를 그림에서 모두 찾아 ○표 하세요.

4 한자 '바다 해'를 찾아 ○표 하세요.

平	江	海

급수 한자 돌파 전략 ❷

1 다음 음(소리)에 해당하는 한자를 찾아 ∨표 하세요.

평

□ 土　□ 平　□ 江

2 그림에 해당하는 한자를 찾아 선으로 이으세요.

 •

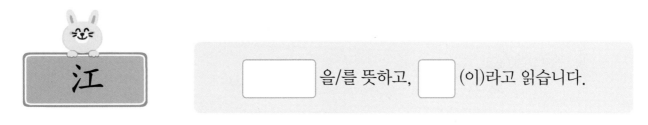

• 土

• 海

3 다음 한자의 뜻과 음(소리)을 쓰세요.

江

[　　　] 을/를 뜻하고, [　] (이)라고 읽습니다.

4 다음 한자의 뜻과 음(소리)으로 알맞은 것을 찾아 ○표 하세요.

土

강 강   흙 토

海

흙 토   바다 해

5 다음 밑줄 친 말에 해당하는 한자를 찾아 ○표 하세요.

여름에는 <u>강</u>에서 수상 스키를 즐기는 사람을 쉽게 찾을 수 있습니다.

土   江

6 다음 한자 카드에 들어갈 한자로 알맞은 것에 ∨표 하세요.

평평할 평

☐ 平   ☐ 海

급수 한자 돌파 전략 ❶

점선 위로 겹쳐서 한자를 써 보세요.

연한 글씨 위로 겹쳐서 한자를 따라 써 보세요.

한자 1 부수 日 | 총 10획

時

때 시

시간이 흘러간다는 의미를 나타낸 것으로, [   ]을/를 뜻해요.

답 때

쓰는 순서 丨 冂 月 日 日一 日十 日土 日土 時 時

時	時				
때 시	때 시				

한자 2 부수 毋 | 총 7획

每

매양 매

결혼한 여자, 어머니의 마음은 한결같다는 데서 [   ]을/를 뜻해요.

답 매양(마다)

쓰는 순서 丿 𠂉 𠂉 每 每 每 每

每	每				
매양 매	매양 매				

한자 기초 확인

▶정답 16쪽

1 다음 대화의 밑줄 친 말에 해당하는 한자를 찾아 ○표 하세요.

놀 때는 놀더라도 할 일은 하면서 놀아야지!
뿅
뿅
市
時
安

2 그림에 해당하는 한자의 뜻과 음(소리)이 바르게 짝지어진 것에 ∨표 하세요.

平

每

☐ 때 시

☐ 매양 매

점선 위로 겹쳐서 한자를 써 보세요.

연한 글씨 위로 겹쳐서 한자를 따라 써 보세요.

한자 3 부수 十 | 총 4획

午

낮 오

절굿공이 같은 막대를 꽂아 한낮임을 알았다는 데서 (　　　)을/를 뜻해요.

답 낮

쓰는 순서 丿 𠂉 㐄 午

午	午				
낮 오	낮 오				

한자 4 부수 雨 | 총 13획

電

번개 전

구름 사이로 나타나는 번쩍이는 불꽃의 모양을 그린 것으로, (　　　) 또는 '전기'를 뜻해요.

답 번개

쓰는 순서 一 𠂆 冖 币 雨 雨 雨 雨 雨 霄 霄 雷 電

電	電				
번개 전	번개 전				

▶정답 16쪽

3 한자 '午'의 뜻과 어울리는 그림을 찾아 ○표 하세요.

4 다음 주의 사항 에서 밑줄 친 낱말의 뜻을 가진 한자를 찾아 ○표 하세요.

주의 사항

<u>번개</u>를 피하는 방법

1. 나무나 높은 건물에는 가지 않습니다.
2. 차 안에 그대로 있습니다.
3. 우산과 같은 금속 물체를 만지지 않습니다.
4. 물로부터 멀리 떨어져 있습니다.

氣　　電　　家

급수 한자 돌파 전략 ❷

1 다음 한자의 뜻으로 알맞은 것을 찾아 ∨표 하세요.

☐ 때　　☐ 낮

2 다음 한자 카드에 들어갈 뜻과 음(소리)으로 알맞은 것을 찾아 ∨표 하세요.

每

뜻	음(소리)
☐ 때	☐ 매
☐ 낮	☐ 시
☐ 매양	☐ 오

3 다음 밑줄 친 한자의 음(소리)으로 알맞은 것을 찾아 ○표 하세요.

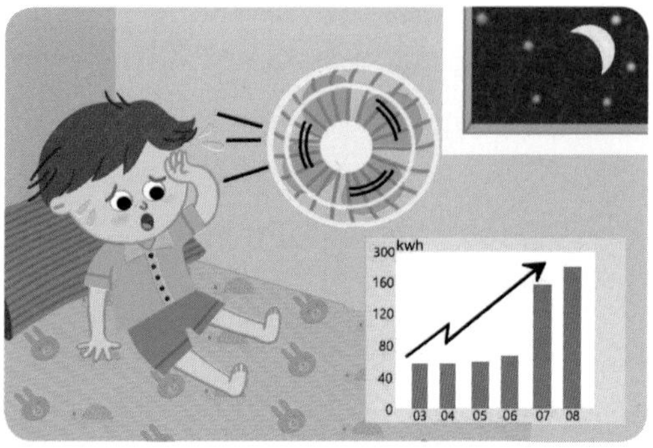

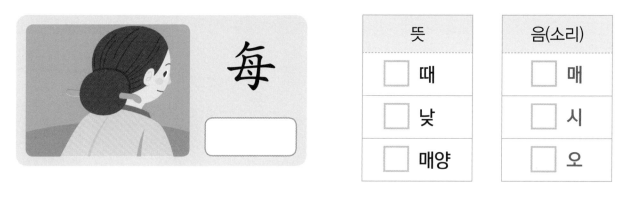

열대야가 지속되는 여름철에는 <u>電</u>력 소비량이 급격히 증가합니다.

전　　국

▶정답 17쪽

4 다음 한자의 뜻과 음(소리)으로 알맞은 것을 찾아 선으로 이으세요.

時 每

낮 오 / 때 시 / 바다 해 / 매양 매

5 다음 문장의 내용이 맞으면 '예', 틀리면 '아니요'에 ○표 하세요.

'午'는 '다섯'을 뜻하고, '오'라고 읽습니다.

예 / 아니요

6 다음 음(소리)에 해당하는 한자를 찾아 ∨표 하세요.

시

□ 時 □ 每 □ 午

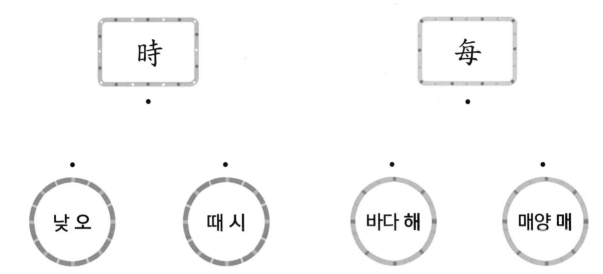

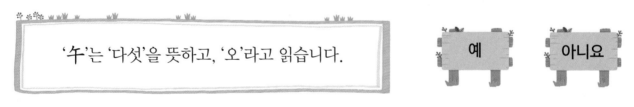

2주 03일 급수 한자어 대표 전략 ❶

대표 한자어 | 01 |

국토 國土

國	土
나라 국	흙 토

뜻 나라의 땅.

지연이네 가족이 건강하게 國土(국토) 순례를 마칠 수 있도록 응원해야지!

대표 한자어 | 02 |

평일 平日

平	日
평평할 평	날 일

뜻 휴일이나 기념일이 아닌 보통의 날.

평안 平安

平	安
평평할 평	편안 안

뜻 걱정이나 탈이 없음.

平日(평일)에는 일상적인 학교생활을 해.

초등학교

주말에는 휴식을 취하면서 平安(평안)을 얻고 있어.

항상 널 응원해!

대표 한자어 | 03 |

강 산

江	山
강 강	메 산

뜻 강과 산이라는 뜻으로, 자연의 경치를 이르는 말.

한 강

漢	江
한수/한나라 한	강 강

뜻 우리나라 중부를 흐르는 강.

우리나라의 江山(강산)은 매우 아름다워.

그래서인지 漢江(한강) 공원에서 휴식을 취하거나 운동하는 사람들이 많이 있어.

대표 한자어 | 04 |

해 녀

海	女
바다 해	여자 녀

뜻 바닷속에 들어가 해삼, 전복, 미역 따위를 따는 것을 직업으로 하는 여자.

해 군

海	軍
바다 해	군인 군

뜻 주로 바다에서 전투 임무를 수행하는 군대.

바다에서 일하시는 海女(해녀)분들이 보이네!

海軍(해군)들도 바다에서 일하며 바다를 지키고 있어.

대표 한자어 05

일시

日	時
날 일	때 시

뜻 날짜와 시간을 아울러 이르는 말.

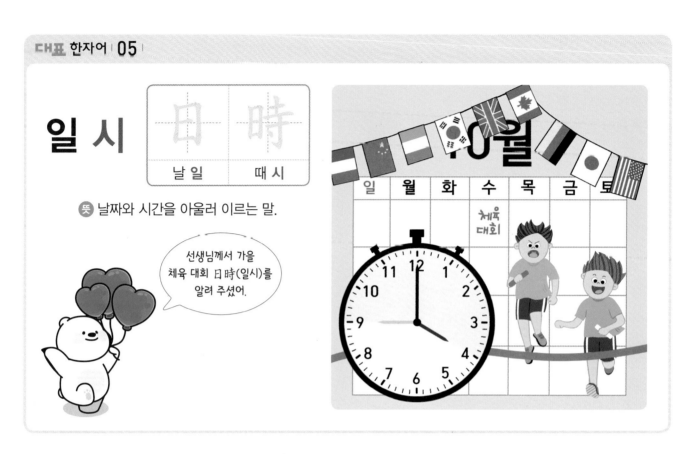

선생님께서 가을 체육 대회 日時(일시)를 알려 주셨어.

대표 한자어 06

매일

每	日
매양 매	날 일

뜻 하루하루마다.

매년

每	年
매양 매	해 년

뜻 한 해 한 해.

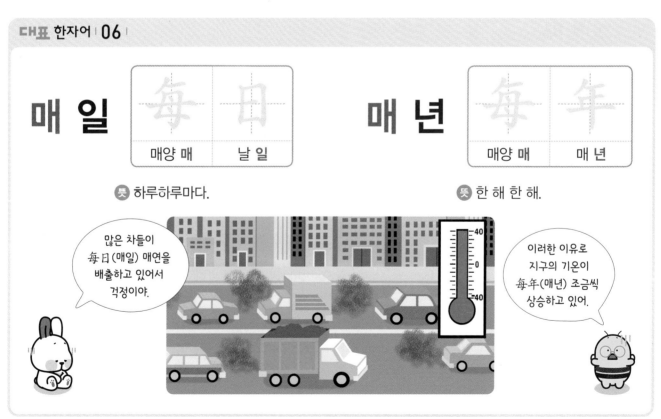

많은 차들이 每日(매일) 매연을 배출하고 있어서 걱정이야.
이러한 이유로 지구의 기온이 每年(매년) 조금씩 상승하고 있어.

항상 널 응원해!

대표 한자어 07

오 시 午時

낮 오 | 때 시

뜻 오전 11시부터 오후 1시까지.

내가 태어난 시간은
午時(오시)야.

대표 한자어 08

가 전 家電

집 가 | 번개 전

뜻 가정에서 사용하는 세탁기, 냉장고, 텔레비전 따위의 전기 기기 제품.

전 기 電氣

번개 전 | 기운 기

뜻 빛 · 열 · 동력 등을 일으키는 에너지.

요즘 친환경
에너지를 사용하는
家電(가전) 제품이
많이 만들어지는 것
같아.

태양과 바람을
이용하여 친환경
電氣(전기)도
생산하고 있어.

2주 03일 급수 한자어 대표 전략 ❷

1 다음 뜻에 해당하는 낱말을 찾아 ○표 하세요.

Tip

'平'은 (평평하다, 편안하다)를 뜻하는 한자입니다.

답 평평하다

2 다음 설명에 해당하는 한자어를 찾아 ○표 하세요.

설명

하루하루마다.

Tip

'每'는 ☐을/를 뜻하고, '매'라고 읽습니다.

답 매양(마다)

3 다음 ◌에 공통으로 들어갈 말을 한자로 바르게 나타낸 것에 ∨표 하세요.

- 한◌: 우리나라 중부를 흐르는 강.
- ◌산: 자연의 경치를 이르는 말.

☐ 土　　　☐ 江

Tip

☐을/를 뜻하는 한자는 '江'이고, '강'이라고 읽습니다.

답 강

▶정답 17쪽

4 그림에 해당하는 한자어를 찾아 선으로 이으세요.

- 海軍
- 海女

Tip

'海女'의 '海'는 [ ] 을/를 뜻합니다.

답 바다

5 '日時(일시)'의 뜻을 바르게 설명한 것에 ○표 하세요.

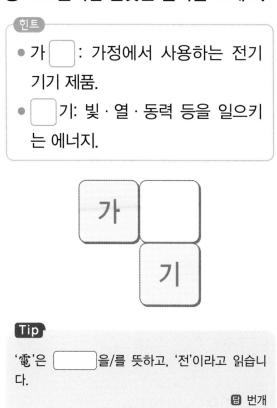

한 해 한 해.	날짜와 시간.

Tip

[ ] 을/를 뜻하는 한자는 '時'이고 '시'라고 읽습니다.

답 때

6 힌트를 보고 낱말 퍼즐의 [ ] 안에 공통으로 들어갈 알맞은 글자를 쓰세요.

힌트
- 가[ ]: 가정에서 사용하는 전기 기기 제품.
- [ ]기: 빛 · 열 · 동력 등을 일으키는 에너지.

가	[ ]
	기

Tip

'電'은 [ ] 을/를 뜻하고, '전'이라고 읽습니다.

답 번개

2주 04일 급수시험 체크 전략 ❶

전략 1 한자어의 음(소리) 쓰기

다음 밑줄 친 漢字語한자어의 音(음: 소리)을 쓰세요.

보기

市場 ➜ 시장

● 이 가게는 <u>平日</u>보다 주말에 손님이 더 북적입니다. ➜ (　　　　　　)

답 평일

필수 예제 01

다음 밑줄 친 漢字語한자어의 音(음: 소리)을 쓰세요.

보기

國家 ➜ 국가

(1) 그는 휴일마다 <u>漢江</u>으로 낚시를 갑니다. ➜ (　　　　　　)

(2) <u>海女</u>들은 안전 장비를 갖추고 바다에 뛰어들었습니다. ➜ (　　　　　　)

문장 속에 쓰인 한자어가 각각 어떤 한자들로 이루어져 있는지 알아 두도록 합니다.
Dumi

▶정답 18쪽

전략 2 한자의 뜻과 음(소리) 쓰기

다음 漢字한자의 訓(훈: 뜻)과 音(음: 소리)을 쓰세요.

보기

安 → 편안 **안**

• 電 → (   )

답 번개 전

필수 예제 02

다음 漢字한자의 訓(훈: 뜻)과 音(음: 소리)을 쓰세요.

보기

道 → 길 **도**

(1) 每 → (   )

(2) 時 → (   )

한자의
뜻과 음(소리)은
반드시 함께 알아
두어야 합니다.

전략 3 뜻과 음(소리)에 맞는 한자 찾기

다음 訓(훈: 뜻)과 音(음: 소리)에 맞는 漢字한자를 보기 에서 찾아 그 번호를 쓰세요.

보기

① 平 ② 海 ③ 時 ④ 每

- 평평할 평 → (   )

답 ①

필수 예제 03

다음 訓(훈: 뜻)과 音(음: 소리)에 맞는 漢字한자를 보기 에서 찾아 그 번호를 쓰세요.

보기

① 海 ② 每 ③ 午 ④ 電

(1) 바다 해 → (   )

(2) 낮 오 → (   )

비슷한 모양의 한자를
고르지 않도록
주의해야 합니다.

▶정답 18쪽

전략 4 제시된 뜻에 맞는 한자어 찾기

다음 뜻에 맞는 漢字語한자어를 보기 에서 찾아 그 번호를 쓰세요.

보기

① 平安 ② 海軍 ③ 電氣 ④ 午時

● 주로 바다에서 전투 임무를 수행하는 군대. → ( )

답 ②

필수 예제 04

다음 뜻에 맞는 漢字語한자어를 보기 에서 찾아 그 번호를 쓰세요.

보기

① 每年 ② 江山 ③ 家電 ④ 國土

(1) 나라의 땅. → ( )

(2) 한 해 한 해. → ( )

한자어가
생각나지 않을 때는
한자의 뜻을 조합하여
문제를 풀어 봅니다.

급수 시험 체크 전략 ❷

[한자어의 음(소리) 쓰기]

1 다음 밑줄 친 漢字語한자어의 音(음: 소리)을 쓰세요.

사고 때문에 그 지역의 <u>電氣</u> 공급을 잠시 중단하였습니다.

→ (   )

Tip
'電氣'의 '電'은 '번개'를 뜻하고, '전'이라고 읽습니다.

[한자의 뜻과 음(소리) 쓰기]

2 다음 漢字한자의 訓(훈: 뜻)과 音(음: 소리)을 쓰세요.

보기

安 → 편안 **안**

- 平 → (   )

Tip
'平'은 '평평하다'를 뜻하는 한자입니다.

[제시된 한자어 찾기]

3 다음 밑줄 친 漢字語한자어를 보기에서 찾아 그 번호를 쓰세요.

보기

① 平日 ② 每日 ③ 海女 ④ 日時

- <u>매일</u> 아침 눈을 뜨면 기지개를 켭니다.

→ (   )

Tip
'每'는 '매양(마다)'을 뜻하고, '매'라고 읽습니다.

▶정답 18쪽

[뜻과 음(소리)에 맞는 한자 찾기]

4 다음 訓(훈: 뜻)과 音(음: 소리)에 맞는 漢字한자를 보기 에서 찾아 그 번호를 쓰세요.

보기

① 土 ② 海 ③ 江 ④ 電

- 강 강 ➔ ( )

Tip

'강'를 뜻하는 한자는 '江'이고, '강'이라고 읽습니다.

[뜻과 음(소리)에 맞는 한자 찾기]

5 다음 訓(훈: 뜻)과 音(음: 소리)에 맞는 漢字한자를 보기 에서 찾아 그 번호를 쓰세요.

보기

① 平 ② 時 ③ 每 ④ 午

- 낮 오 ➔ ( )

Tip

'午'은 '낮'을 뜻하고, '오'라고 읽습니다.

[제시된 뜻에 맞는 한자어 찾기]

6 다음 뜻에 맞는 漢字語한자어를 보기 에서 찾아 그 번호를 쓰세요.

보기

① 平安 ② 平日 ③ 每年 ④ 午時

- 휴일이나 기념일이 아닌 보통의 날. ➔ ( )

Tip

'平日'의 '平'은 '평평하다'를 뜻하고, '평'이라고 읽습니다.

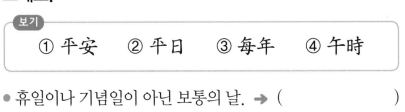

맞은 개수 ___ 개

01 다음 밑줄 친 한자어의 음(소리)으로 알맞은 것을 찾아 ○표 하세요.

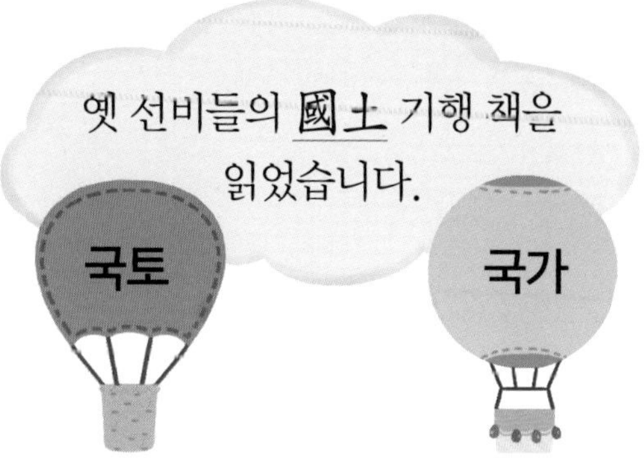

옛 선비들의 國土 기행 책을 읽었습니다.
국토
국가

02 다음 뜻에 해당하는 한자어를 보기 에서 찾아 그 번호를 쓰세요.

보기
① 國土 ② 家電 ③ 每年

• 가정에서 사용하는 전기 기기 제품.

→ (   )

03 다음 뜻과 음(소리)에 해당하는 한자를 찾아 ○표 하세요.

번개 전

電

每

04 다음 설명 에 해당하는 한자어를 찾아 ○표 하세요.

설명
주로 바다에서 전투 임무를 수행하는 군대.

國土
海軍

▶정답 18쪽

05 다음 [ ] 안에 들어갈 한자를 보기 에서 찾아 그 번호를 쓰세요.

보기
① 平　② 午　③ 每

• [ ]안: 걱정이나 탈이 없음.

➜ (　　　　)

06 다음 한자의 뜻과 음(소리)을 쓰세요.

[ ]을/를 뜻하고,
[ ](이)라고 읽습니다.

07 다음 한자의 뜻을 보기 에서 찾아 그 번호를 쓰세요.

보기
① 흙　② 바다　③ 강

• 江 ➜ (　　　　)

08 다음 밑줄 친 낱말에 해당하는 한자어를 보기 에서 찾아 그 번호를 쓰세요.

보기
① 午時　② 日時　③ 平日

• 드디어 유명 K팝 스타의 팬미팅 <u>일시</u>가 공개되었습니다.

➜ (　　　　)

2주 창의·융합·코딩 전략 ❶

창의 융합

1 위 대화에서 설명한 '전복, 해삼, 미역 등을 바닷속에 들어가 따는 것을 직업으로 하는 여자'를 뜻하는 한자어를 쓰세요.

답

▶정답 18쪽

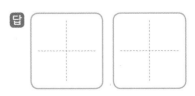

창의 융합

2 위 대화를 읽고, 아름이가 말한 '날짜와 시간'을 뜻하는 한자어를 힌트 에서 찾아 쓰세요.

힌트

每年　　日時

답

창의·융합·코딩 전략 ❷

코딩

1 이 가게는 손님이 선택한 순서대로 아이스크림을 쌓아 준다고 합니다. 그림의 아이스크림을 주문하려면 어떤 명령어 로 주문해야 할지 그 번호를 찾아 쓰세요.

(　　　　　　)

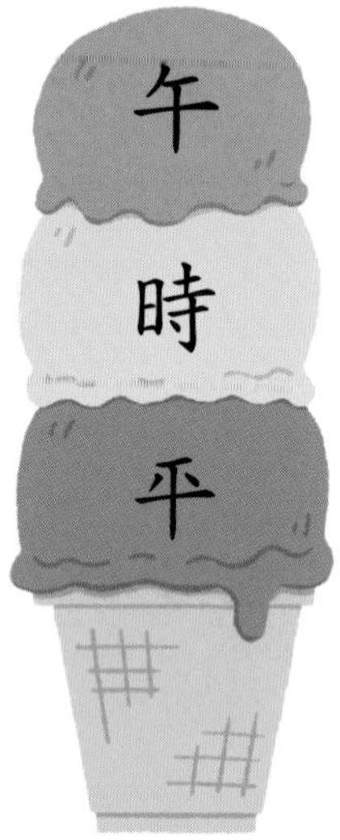

명령어

① 평평하다 - 낮 - 때
② 낮 - 때 - 평평하다
③ 평평하다 - 때 - 낮
④ 때 - 평평하다 - 낮

창의 융합

2 한자어 '平安'에 해당하는 그림을 찾아 ○표 하세요.

코딩

3 다음 조건 을 따라가서 만나는 한자가 무엇인지 쓰세요.

조건

가 나오면 오른쪽으로 가세요.

가 나오면 위로 가세요.

가 나오면 오른쪽으로 가세요.

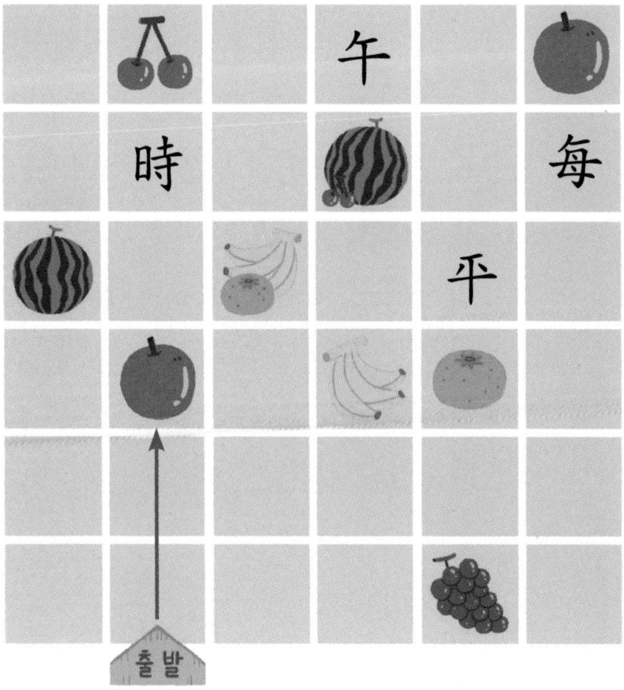

답

창의 융합

4 다음 글을 읽고, 글의 내용과 관련 있는 한자어를 찾아 그 번호를 쓰세요.

( )

컴퓨터, 냉장고, 텔레비전, 세탁기 등과 같이 집에서 사용하는 전기 제품들은 우리의 생활을 아주 편리하게 도와줍니다. 요즘은 이런 제품에도 인공지능이 장착되어 집 밖에서도 휴대 전화로 제품을 작동할 수 있게 합니다.

① 海軍 ② 家電 ③ 午時 ④ 國土

창의 융합

5 다음 글을 읽고, 밑줄 친 낱말의 뜻을 가진 한자를 모두 찾아 ○표 하세요.

어젯밤에는 천둥 번개와 함께 비가 많이 쏟아져서 걱정했는데, 아침이 되니 맑게 개었습니다. 오늘은 가족 여행이 있는 날입니다. 소양호를 구경했는데, 호수가 마치 작은 바다와 같습니다. 아빠는 '소양호'는 강을 댐으로 막아서 만든 호수라고 알려 주셨습니다. 오늘은 정말 즐거운 하루였습니다.

江	每	時
平	土	
海	午	電

창의 융합

6 더 큰 수를 따라가서 나오는 한자를 찾아 그 번호를 쓰세요. (　　　　　)

① 海　　② 電　　③ 江　　④ 土

코딩

7 규칙 을 따라 만난 숫자에 ○표 하고, 마지막 책 번호의 제목을 찾아 한자어의 음(소리)을 쓰세요.

규칙

3만큼 더해서 세는 규칙

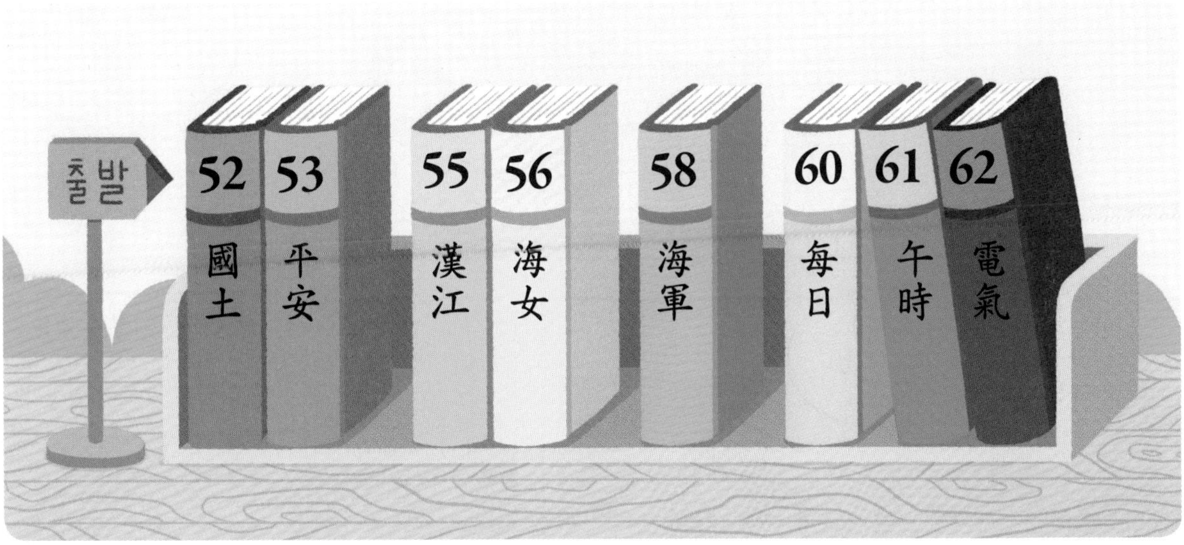

● 한자어의 음(소리) ➔ (   )

창의 융합

8 다음 그림의 ㉠과 ㉡에 해당하는 한자어를 찾아 선으로 이으세요.

㉠ •	• 海女
㉡ •	• 每年

며칠 후면 방학인데 계획표를 짜 봐야겠어.
방학 동안 每日(매일) 어떻게 보낼지 계획표를 짜는 건 좋은 생각 같아.
나도 계획표를 짜 봐야겠다! 결심!!
나는 지난 방학 때 부족했던 책 읽기 도전을 위해 市立(시립) 도서관을 자주 가야겠어.
난 每年(매년) 지킬 수 없는 너무 무리한 계획을 세웠던 것 같아. 꼭 지킬 수 있는 게 뭐가 있을까?
잠시 후
방학 계획표
음… 난 이번엔 國土(국토) 순례 걷기 대회에 참가하기로 했어!

만화를 보고, 지금까지 배운 한자를 기억해 보세요.

1주 | 나라 한자

漢 韓 國 家 市 安 道 場

2주 | 자연 한자

土 平 江 海 時 每 午 電

나라 한자

1 하늘이가 정리한 한자어 표입니다. 표를 보고 물음에 답하세요.

하늘이가 배운 한자어

공통 음(소리) / 한자어 개수	국	가	▲	★	●
1	國家	國家	市民	孝道	道場
2	國力	大家	市立	力道	市場
3	國立		市場	道場	

❶ ☐ 안에 들어갈 한자어를 위 표에서 찾아 쓰세요.

'國'이 들어간 한자어

'家'가 들어간 한자어

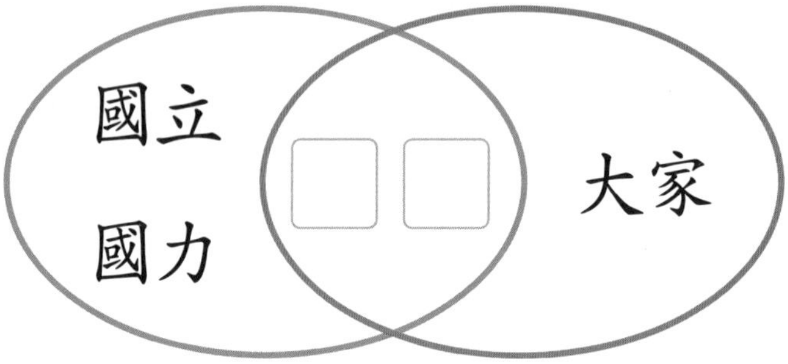

답

❷ 표에서 다음 도형이 있는 칸에 들어갈 한자의 음(소리)을 쓰세요.

- ▲ → (　　　　　　)
- ★ → (　　　　　　)
- ● → (　　　　　　)

Tip

나라 국 ❶ ☐, 집 가 ❷ ☐, 저자 ❸ ☐ '市', 마당 ❹ ☐ '場', 길 ❺ ☐ '道'

답 ❶ 國 ❷ 家 ❸ 시 ❹ 장 ❺ 도

▶정답 19쪽

나라 한자

2 우주네 집 주변의 식당 지도입니다. 지도를 잘 보고 물음에 답하세요.

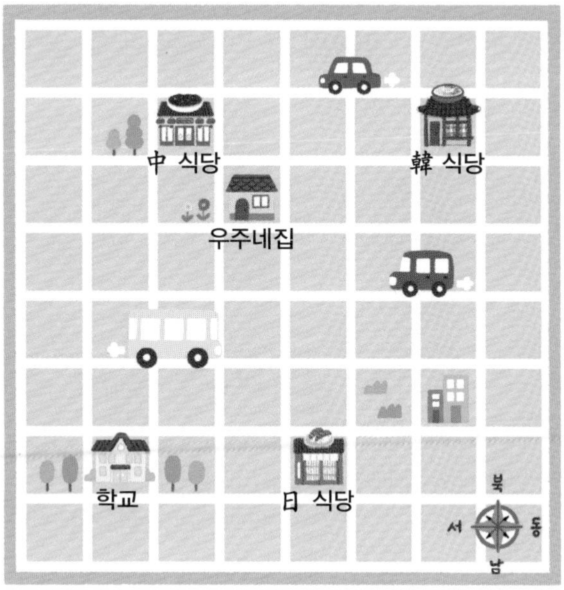

❶ 우주네 엄마, 아빠의 대화를 읽고, ☐ 안에 들어갈 한자의 음(소리)을 쓰세요.

- 아빠: 나는 집에서 가장 가까운 ☐ 식당에 가고 싶단다.
- 엄마: 나는 집에서 북쪽으로 1칸, 동쪽으로 3칸 떨어진 ☐ 식당에 가고 싶어.

❷ 위 대화에서 엄마가 가고 싶은 식당은 어떤 나라의 요리를 파는지 보기에서 찾아 쓰세요.

보기

中國　　韓國

답 ☐ ☐

Tip

'韓'의 음(소리)은 ❶ ☐ (이)고, 뜻은 한국/❷ ☐ (으)로 두 가지 뜻이 있습니다.

답 ❶ 한 ❷ 나라

자연 한자

3 미소네 반 학생들이 가위바위보 놀이를 하고 고른 한자 카드입니다.

미소네 반 학생들이 고른 한자 카드

미소	채원	효진	안나	승기	성윤
江	海	土	電	平	江
시원	민혁	종국	동훈	경은	태희
土	平	江	海	電	海
광수	민주	우빈	지현	하은	보영
電	江	土	平	海	江

❶ 위 자료를 보고 물음에 답하세요.

- 미소가 고른 한자 카드의 뜻과 음(소리)을 쓰세요.

➜ ( )

- 음(소리)이 '해'인 한자 카드를 고른 친구들의 이름을 모두 쓰세요.

➜ ( )

❷ 위 자료를 보고 다음 표에 학생 수를 쓰세요.

미소네 반 학생들이 고른 한자 카드별 학생 수

한자 카드	土	平	江	海	電
학생 수(명)					

Tip

'江'의 뜻은 ❶ [ ](이)고, '海'의 음(소리)은 ❷ [ ]입니다.

답 ❶ 강 ❷ 해

▶정답 19쪽

자연 한자

4 우석이와 은빈이의 대화를 잘 읽고 물음에 답하세요.

❶ 우석이와 은빈이의 대화에서 보이는 한자어의 음(소리)을 쓰세요.

- 每年 → (　　　　　　)
- 電氣 → (　　　　　　)

❷ 다음 한자어의 뜻을 보기 에서 찾아 그 번호를 쓰세요.

보기
① 빛·열·동력을 일으키는 에너지.
② 가정에서 사용하는 전기 기기 제품.

- 電氣 → (　　　　　　)

Tip
'每'의 음(소리)은 ❶ (　　　)(이)고, 빛 · 열 · 동력을 일으키는 에너지를 뜻하는 한자어는 ❷ (　　　) 입니다.

답 ❶ 매 ❷ 電氣

[문제 01~02] 다음 밑줄 친 漢字語한자어의 音(음: 소리)을 쓰세요.

보기

寸長 → 촌장

우리는 학교에서 만든 부채를 01市場에서 나눔 행사를 하여 02長安의 화제가 되었습니다.

01 市場 → (   )

02 長安 → (   )

[문제 03~04] 다음 漢字한자의 訓(훈: 뜻)과 音(음: 소리)을 쓰세요.

보기

自 → 스스로 자

03 場 → (   )

04 漢 → (   )

[문제 05~06] 다음 訓(훈: 뜻)과 音(음: 소리)에 알맞은 漢字한자를 보기 에서 찾아 그 번호를 쓰세요.

보기
① 家 ② 韓

05 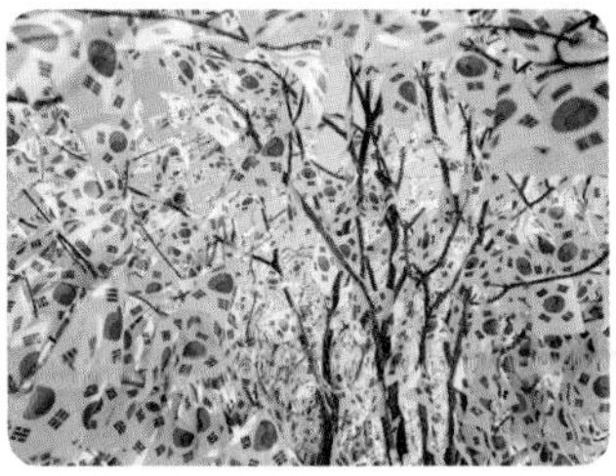

☐

한국/나라 한

06 

☐

집 가

[문제 07~08] 다음 밑줄 친 漢字語한자어를 보기 에서 찾아 그 번호를 쓰세요.

보기
① 國家 ② 孝道

07 올림픽 개막식에서는 국가별로 입장합니다. ➔ (　　　　　)

08 부모님께 효도하는 사람이 성공합니다. ➔ (　　　　　)

[문제 09~10] 다음 뜻에 맞는 漢字語한자어를 보기에서 찾아 그 번호를 쓰세요.

보기

① 國力　　② 市民

09 한 나라가 가지고 있는 모든 힘.

➜ (　　　　　　)

10 시(市)에 사는 사람.

➜ (　　　　　　)

[문제 11~12] 다음 漢字한자의 상대 또는 반대되는 漢字한자를 보기에서 찾아 그 번호를 쓰세요.

보기

① 西　　② 火

11 東 ↔ (　　　　　　)

12 水 ↔ (　　　　　　)

▶정답 20쪽

[문제 13~14] 다음 訓(훈: 뜻)과 音(음: 소리)에 알맞은 漢字한자를 보기 에서 찾아 그 번호를 쓰세요.

보기
① 道　　② 安

13 편안 안 ➜ (　　　　)

14 길 도 ➜ (　　　　)

[문제 15~16] 다음 漢字한자의 진하게 표시된 획은 몇 번째 쓰는지 보기 에서 찾아 그 번호를 쓰세요.

보기
① 다섯 번째　　② 여섯 번째
③ 일곱 번째　　④ 여덟 번째

15

(　　　　)

16

(　　　　)

[문제 01~02] 다음 밑줄 친 漢字語한자어의 音(음: 소리)을 쓰세요.

> 보기
>
> 漢學 ➡ 한학

그 할머니는 아름다운 01江山을 미래 세대에게 물려주어야 한다고 02每日 집 앞의 공원에서 쓰레기를 주우십니다.

01 江山 ➡ (   )

02 每日 ➡ (   )

[문제 03~04] 다음 漢字한자의 訓(훈: 뜻)과 音(음: 소리)을 쓰세요.

> 보기
>
> 國 ➡ 나라 **국**

03 時 ➡ (   )

04 午 ➡ (   )

▶정답 20쪽

[문제 05~06] 다음 訓(훈: 뜻)과 音(음: 소리)에 알맞은 漢字한자를 보기 에서 찾아 그 번호를 쓰세요.

보기
① 平 ② 土

05 

흙 토

06 

평평할 평

[문제 07~08] 다음 밑줄 친 漢字語한자어를 보기 에서 찾아 그 번호를 쓰세요.

보기
① 家電 ② 平日

07 평일뿐 아니라 주말에도 쉴 수 없을 정도로 일이 많습니다.

➜ (   )

08 이번 주에 가전제품 할인 행사를 한다는 홍보지를 받았습니다.

➜ (   )

[문제 09~10] 다음 뜻에 맞는 漢字語한자어를 보기에서 찾아 그 번호를 쓰세요.

보기
① 平安　② 海女

09 바닷속에 들어가 해삼, 전복, 미역 따위를 따는 것을 직업으로 하는 여자.
→ ( )

10 걱정이나 탈이 없음.
→ ( )

[문제 11~12] 다음 漢字한자의 상대 또는 반대되는 漢字한자를 보기에서 찾아 그 번호를 쓰세요.

보기
① 小　② 南

11 北 ↔ ( )

12 大 ↔ ( )

▶정답 20쪽

[문제 13~14] **다음 訓(훈: 뜻)과 音(음: 소리)에 알맞은 漢字한자를 보기 에서 찾아 그 번호를 쓰세요.**

보기

① 江　　② 電

13 강 강 ➔ (　　　　)

14 번개 전 ➔ (　　　　)

[문제 15~16] **다음 漢字한자의 진하게 표시된 획은 몇 번째 쓰는지 보기 에서 찾아 그 번호를 쓰세요.**

보기

① 일곱 번째　　② 여덟 번째
③ 아홉 번째　　④ 열 번째

15

(　　　　)

16

(　　　　)

시 기

時 期

때 시 | 기약할 기

뜻 어떤 일이나 현상이 진행되는 시점.

가을은 온갖 곡식과 과일이 무르익는 時期(시기)입니다.

심화 한자 ① 부수 月 | 총 12획

期

기약할 기

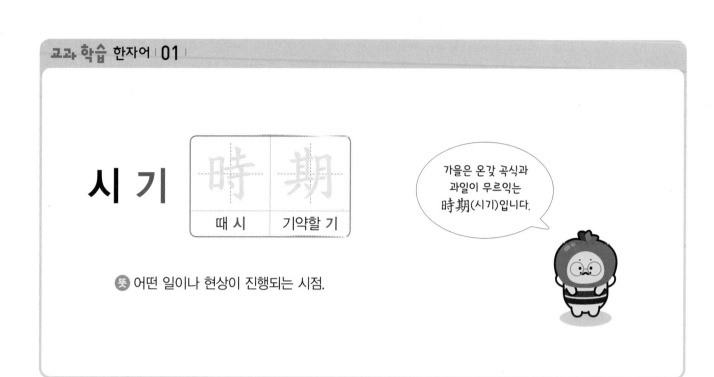

'기약하다'나 '약속하다'라는 뜻을 가진 한자예요. '其(그 기)'와 '月(달 월)'이 결합되어서 시간의 흐름을 뜻하게 되었어요.

쓰는 순서 一 十 卄 卄 甘 其 其 其 期 期 期 期

期 期

기약할 기 | 기약할 기

교과 학습 한자어 | 02 |

정전

停	電
머무를 정	번개 전

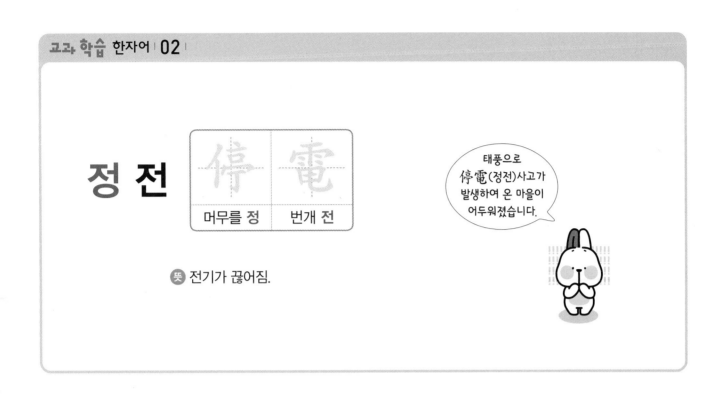

뜻 전기가 끊어짐.

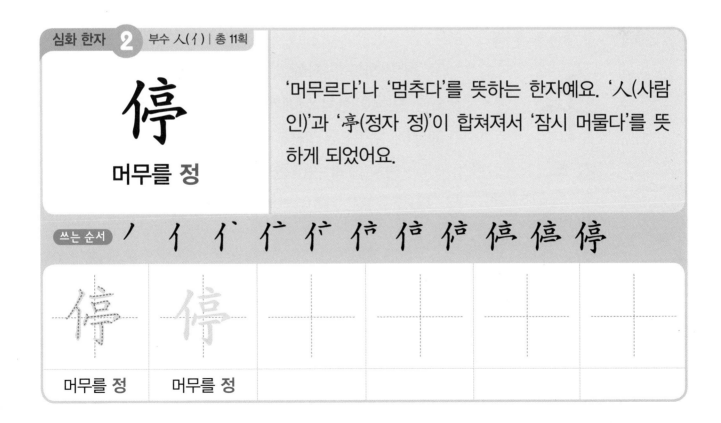

태풍으로
停電(정전)사고가
발생하여 온 마을이
어두워졌습니다.

심화 한자 2 부수 人(亻) | 총 11획

停
머무를 정

'머무르다'나 '멈추다'를 뜻하는 한자예요. '人(사람 인)'과 '亭(정자 정)'이 합쳐져서 '잠시 머물다'를 뜻하게 되었어요.

쓰는 순서 (11획)

停	停				
머무를 정	머무를 정				

교과 학습 한자어 | 03

한 우

韓	牛
한국/나라 한	소 우

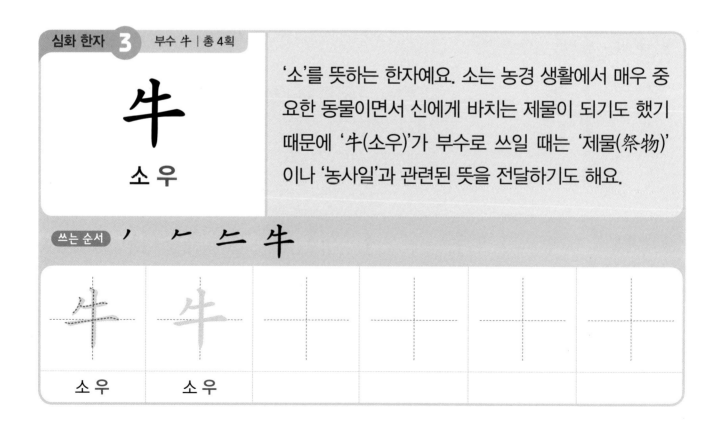

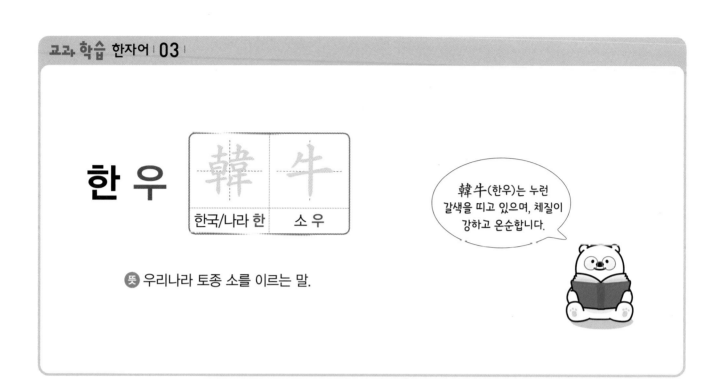

韓牛(한우)는 누런 갈색을 띠고 있으며, 체질이 강하고 온순합니다.

뜻 우리나라 토종 소를 이르는 말.

심화 한자 3 | 부수 牛 | 총 4획

牛

소 우

'소'를 뜻하는 한자예요. 소는 농경 생활에서 매우 중요한 동물이면서 신에게 바치는 제물이 되기도 했기 때문에 '牛(소우)'가 부수로 쓰일 때는 '제물(祭物)'이나 '농사일'과 관련된 뜻을 전달하기도 해요.

쓰는 순서 ノ 𠂉 𠂒 牛

牛	牛				
소 우	소 우				

▶정답 20쪽

1 다음 문장의 내용이 맞으면 '예', 틀리면 '아니요'에 ○표 하세요.

'停電'의 뜻은 '전기가 끊어짐.'입니다.

예　　아니요

2 다음 뜻에 해당하는 한자어를 찾아 선으로 이으세요.

어떤 일이나 현상이 진행되는 시점. •

• 時期

• 午時

3 다음 설명 에 해당하는 한자어를 찾아 ○표 하세요.

설명

우리나라 토종 소를 이르는 말.

韓牛　　韓食

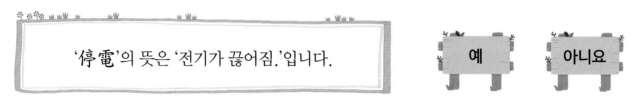

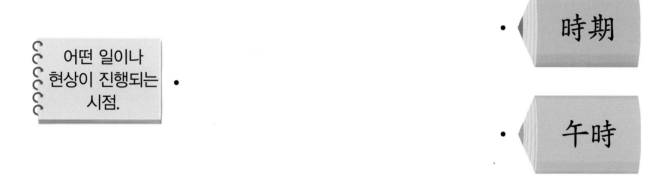

한자

한자어

한자 전략 2단계 A 사진 출처

게티 이미지 뱅크

전편

24쪽 연꽃

후편

66쪽 날씨 그래픽

셔터스톡

전편

17쪽 여자 축구 선수(Gino Santa Maria)

69쪽 석탄화력발전소(ESB Professional)

87쪽 스위스와 유럽 자유무역협정 이미지(Miriam Doerr Martin Frommherz)

후편

45쪽 등대(Auspicious)

57쪽 친환경에너지 인포그래픽(Designifty)

85쪽 정의의 저울(Carolyn Franks)

* ( ) 안의 표기는 저작권자명임.

** 출처 표시를 안 한 사진 및 삽화 등은 발행사에서 저작권을 가지고 있는 경우임.

메모

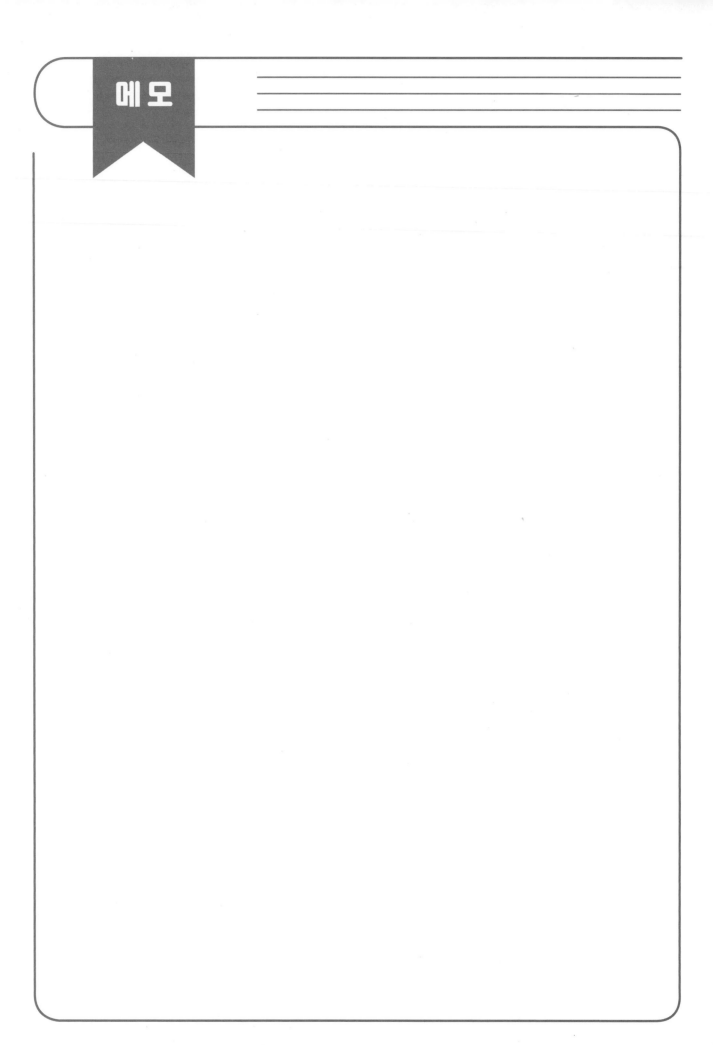

메 모

메모

기초 학습능력 강화 교재

연산이 즐거워지는 공부습관

똑똑한 하루 빅터연산

기초부터 튼튼하게

수학의 기초는 연산!
빅터가 쉽고 재미있게 알려주는 연산 원리와
집중 연산을 통해 연산 해결 능력 강화

게임보다 재미있다

지루하고 힘든 연산은 NO!
수수께끼, 연상퀴즈, 실생활 문제로
쉽고 재미있는 연산 YES!

더! 풍부한 학습량

수·연산 문제를 충분히 담은 풍부한 학습량
교재 표지의 QR을 통해 모바일 학습 제공
교과와 연계되어 학기용 교재로도 OK

초등 연산의 빅데이터!
기초 탄탄 연산서
예비초~초2(각 A~D)
초3~6(각 A~B)

뭘 좋아할지 몰라 다 준비했어♥
전과목 교재

전과목 시리즈 교재

●무등생 해법시리즈

– 국어/수학	1~6학년, 학기용
– 사회/과학	3~6학년, 학기용
– 봄·여름/가을·겨울	1~2학년, 학기용
– SET(전과목/국수, 국사과)	1~6학년, 학기용

●똑똑한 하루 시리즈

– 똑똑한 하루 독해	예비초~6학년, 총 14권
– 똑똑한 하루 글쓰기	예비초~6학년, 총 14권
– 똑똑한 하루 어휘	예비초~6학년, 총 14권
– 똑똑한 하루 한자	예비초~6학년, 총 14권
– 똑똑한 하루 수학	1~6학년, 학기용
– 똑똑한 하루 계산	예비초~6학년, 총 14권
– 똑똑한 하루 도형	예비초~6학년, 총 8권
– 똑똑한 하루 사고력	1~6학년, 학기용
– 똑똑한 하루 사회/과학	3~6학년, 학기용
– 똑똑한 하루 봄/여름/가을/겨울	1~2학년, 총 8권
– 똑똑한 하루 안전	1~2학년, 총 2권
– 똑똑한 하루 Voca	3~6학년, 학기용
– 똑똑한 하루 Reading	초3~초6, 학기용
– 똑똑한 하루 Grammar	초3~초6, 학기용
– 똑똑한 하루 Phonics	예비초~초등, 총 8권

●독해가 힘이다 시리즈

– 초등 문해력 독해가 힘이다 비문학편	3~6학년
– 초등 수학도 독해가 힘이다	1~6학년, 학기용
– 초등 문해력 독해가 힘이다 문장제수학편	1~6학년, 총 12권

영어 교재

●초등영어 교과서 시리즈

파닉스(1~4단계)	3~6학년, 학년용
영단어(1~4단계)	3~6학년, 학년용
●LOOK BOOK 영단어	3~6학년, 단행본
●원서 읽는 LOOK BOOK 영단어	3~6학년, 단행본

국가수준 시험 대비 교재

●해법 기초학력 진단평가 문제집	2~6학년·중1 신입생, 총 6권

급수 한자 필수 학습!
탄탄하게 다져두자!

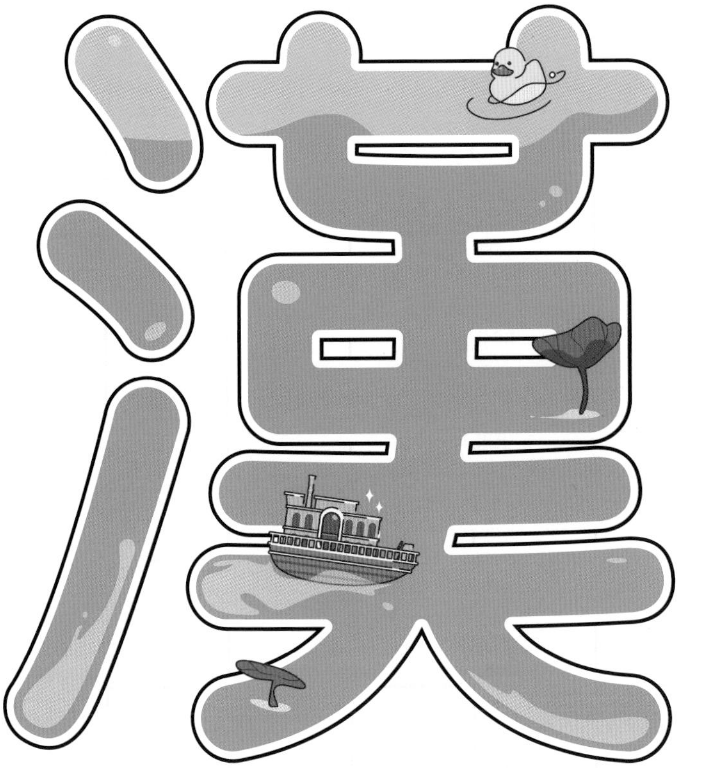

한자 전략

급수 한자

정답과 부록

2단계 A

7급 Ⅱ ①

천재교육

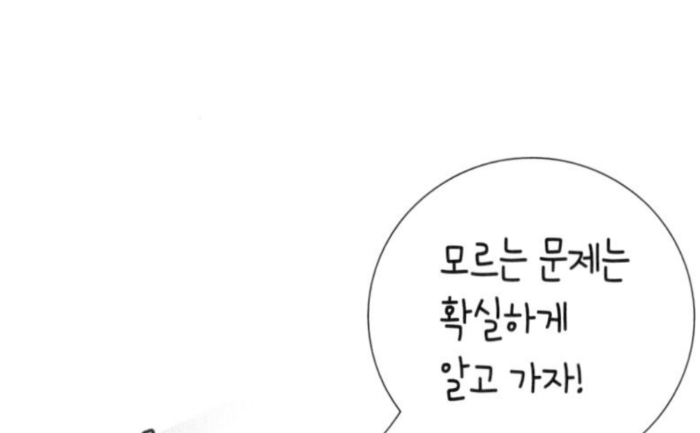
모르는 문제는
확실하게
알고 가자!

정답과 부록

2단계 A 7급 Ⅱ ①

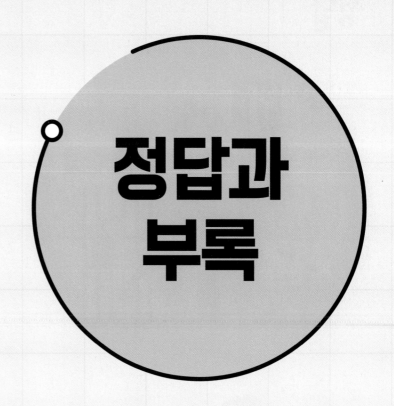

정답

전편 1주 01일

급수 한자 돌파 전략 ❶ 한자 기초 확인 11, 13쪽

1

2

☐ 인 ☑ 성

3

4

이름 명

男

사내 남

(男)

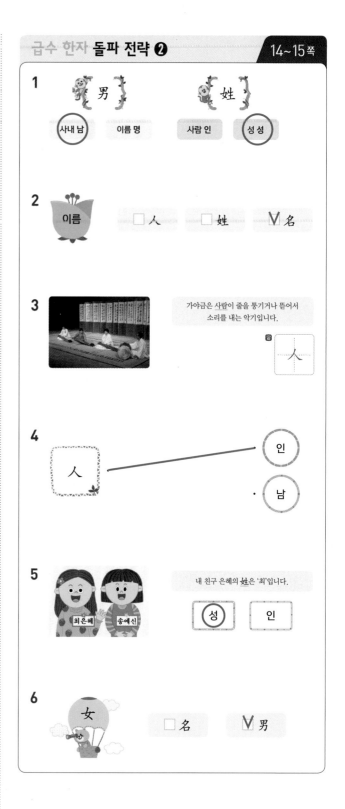

급수 한자 돌파 전략 ❷ 14~15쪽

1

男

(사내 남) 이름 명

姓

사람 인 (성 성)

2

☐ 人 ☐ 姓 ☑ 名

3

가야금은 사람이 줄을 퉁기거나 뜯어서 소리를 내는 악기입니다.

답 人

4

人 — 인

남

5

내 친구 은혜의 姓은 '최'입니다.

(성) 인

6

☐ 名 ☑ 男

1주 02일

급수 한자 돌파 전략 ❶ 한자 기초 확인 17, 19쪽

1

(女) 男 姓

2

3

名 (孝) 姓

4

급수 한자 돌파 전략 ❷ 20~21쪽

1

生

뜻	음(소리)
☑ 날	☑ 생
□ 효도	□ 효
□ 여자	□ 녀

2

孝 — 효도 — 효

女 — 여자 — 녀

3

자

□ 孝 □ 生 ☑ 子

4

피겨스케이팅의 페어 종목은 남자와 여자가 파트너로 함께 경기를 합니다.

(女) 子

5 ①

6

어버이날에 부모님께 孝와 관련된 편지로 감사의 마음을 전하기로 했습니다.

생 육 (효)

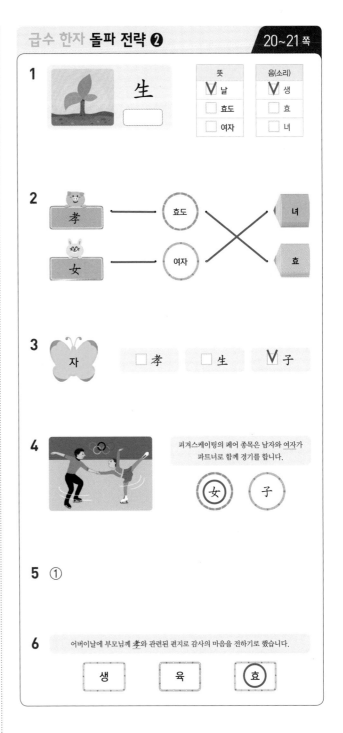

정답

1주 03일

급수 한자어 대표 전략 ❷ 26~27쪽

1
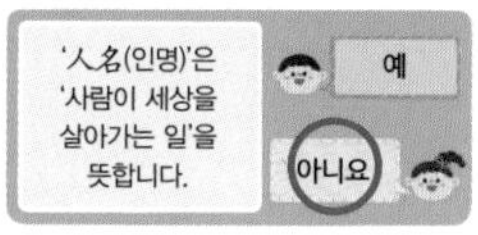

'人名(인명)'은 '사람이 세상을 살아가는 일'을 뜻합니다.
예
아니요

2
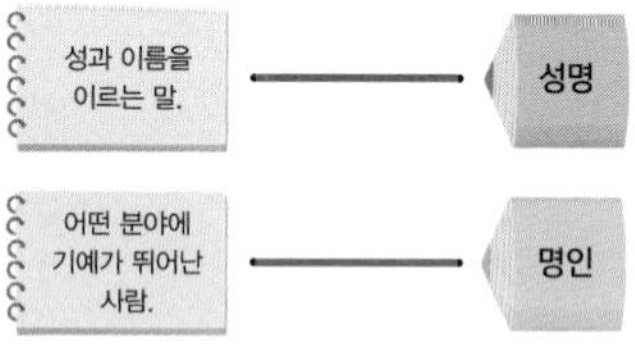

성과 이름을 이르는 말.
성명
어떤 분야에 기예가 뛰어난 사람.
명인

3

아버지와 딸을 이르는 말.
부 녀

4

부모를 잘 섬기는 아들.
효자
효녀

5

흐르거나 떨어지는 물의 힘.
물속에서 삶.

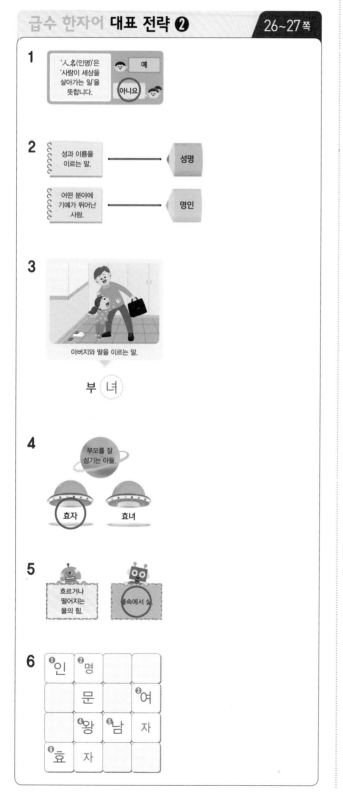

6

❶인	❷명		
	문		❸여
	❹왕	❺남	자
❻효	자		

1주 04일

급수 시험 체크 전략 ❶ 28~31쪽

필수 **예제** 01
(1) 남녀 (2) 인생

필수 **예제** 02
(1) 사람 인 (2) 날 생

필수 **예제** 03
(1) ③ (2) ②

필수 **예제** 04
(1) ③ (2) ②

급수 시험 체크 전략 ❷ 32~33쪽

1 인명

2 성 성

3 사내 남

4 ①

5 ①

6 ③

누구나 만점 전략 34~35쪽

01 

02 ①

03 성명

04 ②

05 효도, 효

06 

07 ③

08 ①

창의·융합·코딩 전략 ❶ 36~37쪽

1 성명

2 3명

창의·융합·코딩 전략 ❷ 38~41쪽

1 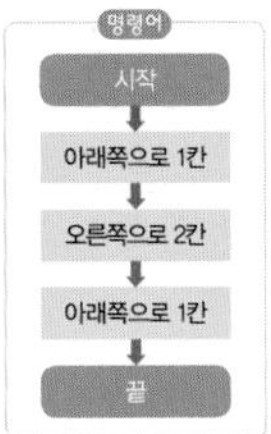

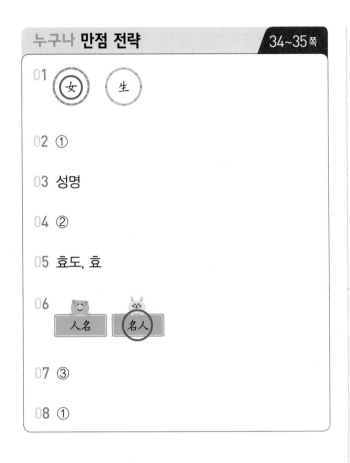

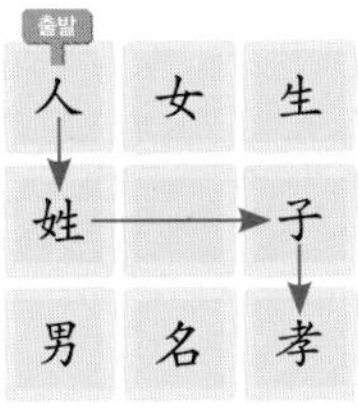

답 

2 

3 

4 ④

5 

- ☑ 生
- ☐ 孝
- ☐ 名
- ☐ 人

6 

• 한자어의 음(소리) → (효자)

7 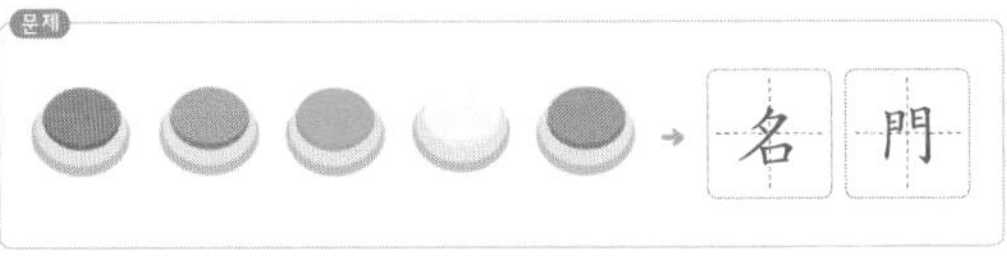

8 

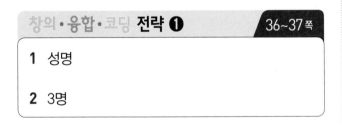

2주 04일

급수 한자 돌파 전략 ❶ 한자 기초 확인 45, 47쪽

1

2

3

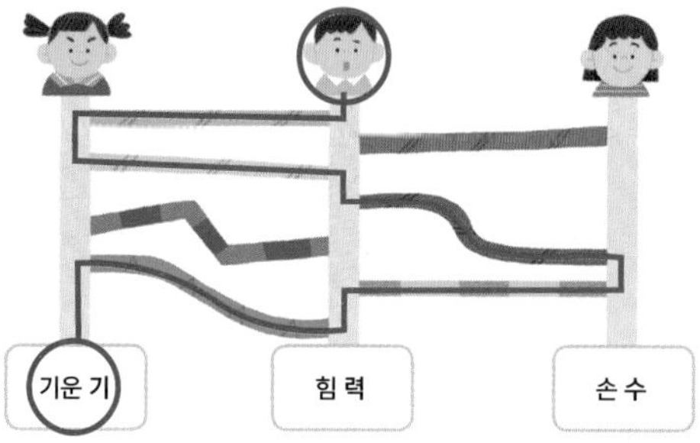

4

급수 한자 돌파 전략 ❷ 48~49쪽

1 손 □ 足 ☑ 手 □ 氣

2 '氣'의 뜻과 음(소리)은 '발 족'입니다. 예 (아니요)

3 手 — 손 수, 力 — 힘 력

손 수 | 발 족 | 기운 기 | 힘 력

4 氣: 손 수 (기운 기) / 力: (힘 력) 발 족

5

흐르거나 떨어지는 물의 힘을 수力이라고 합니다.

(력) 수

6

두 사람이 발을 맞춰 걸어갑니다.

답 足

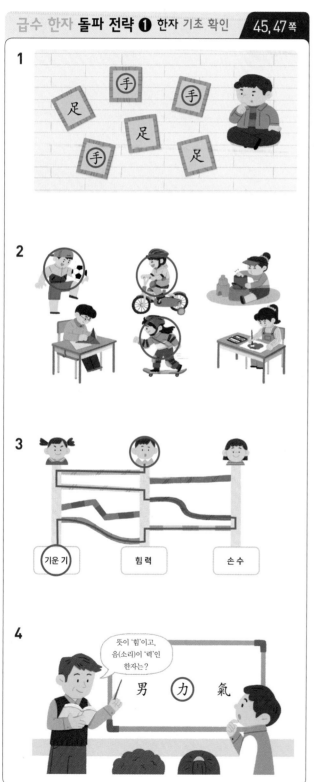

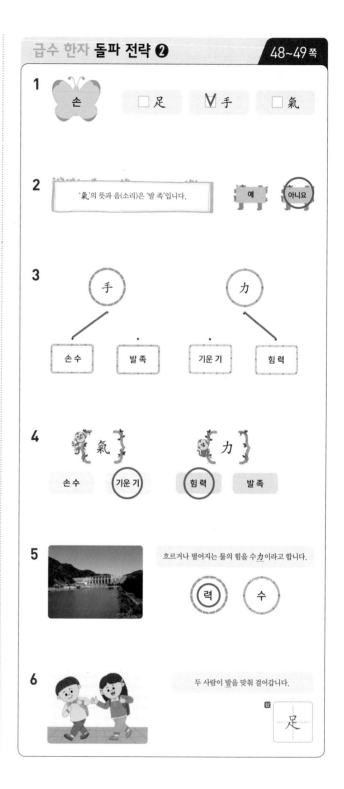

2주 02일

급수 한자 돌파 전략 ❶ 한자 기초 확인 51, 53쪽

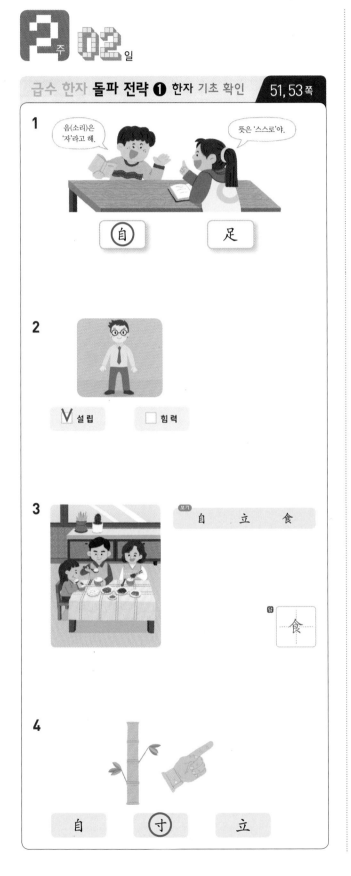

1

(自) 足

2

V 설립 □ 힘력

3

보기 自 立 食

답 食

4

自 (寸) 立

급수 한자 돌파 전략 ❷ 54~55쪽

1

自

□ 기운 기 V 스스로 자

2

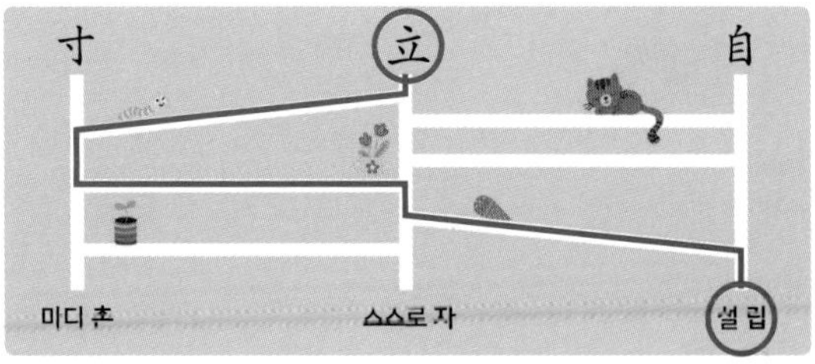

3

□ 立 V 食 □ 寸

4 寸 — 촌 (식)

5 (1) ② (2) ③

6

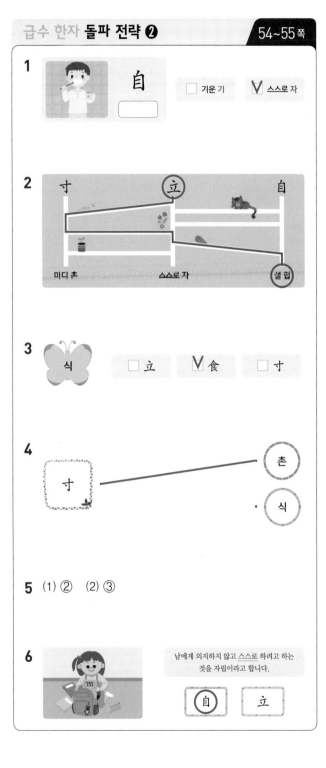

남에게 의지하지 않고 스스로 하려고 하는 것을 자립이라고 합니다.

(自) 立

2주 03일

급수 한자어 대표 전략 ❷ 60~61쪽

1

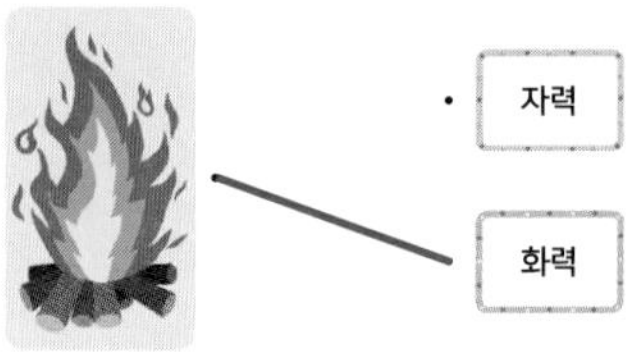
자력
화력

2

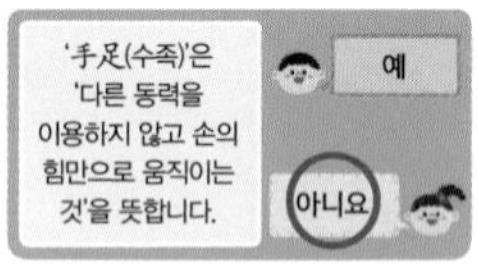
'手足(수족)'은 '다른 동력을 이용하지 않고 손의 힘만으로 움직이는 것'을 뜻합니다.
예
아니요

3

스스로 넉넉함을 느낌.

자 족

4

생기
기력

5

外三寸
三寸

6

생	기	족	식
화	력	중	자
외	사	촌	립

2주 04일

급수 시험 체크 전략 ❶ 62~65쪽

필수 예제 01

(1) 기력 (2) 생기

필수 예제 02

(1) 밥/먹을 식 (2) 마디 촌

필수 예제 03

(1) ③ (2) ②

필수 예제 04

(1) ① (2) ②

급수 시험 체크 전략 ❷ 66~67쪽

1 자족

2 손 수

3 기운 기

4 ①

5 ④

6 ③

누구나 만점 전략 68~69쪽

01 (力) 氣 (力 is circled)

02 (1) 발 족 (2) 설 립

03 외식

04 ①

05

中立
生氣

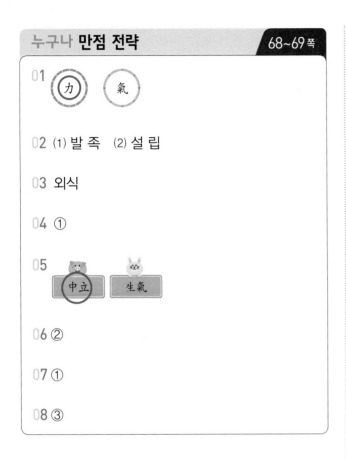

06 ②

07 ①

08 ③

창의·융합·코딩 전략 ❶ 70~71쪽

1 生氣

2 수력 발전소

창의·융합·코딩 전략 ❷ 72~75쪽

1
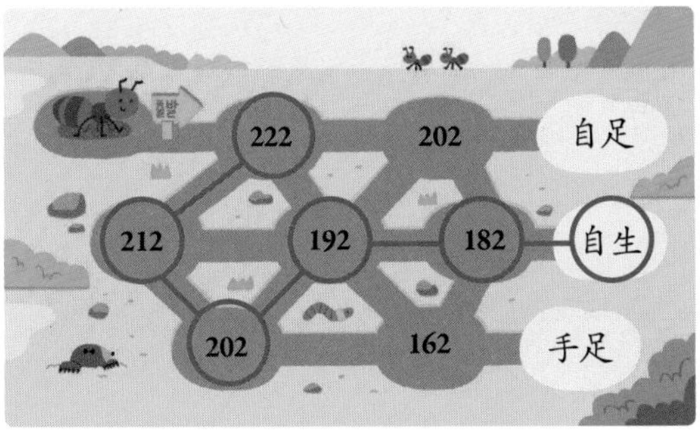

출발
222
202
自足
212
192
182
自生
202
162
手足

● 한자어의 음(소리) → (자생)

2
● 사람의 몸으로 활용할 수 있는 정신과 육체의 힘.
● 자기 혼자의 힘.
● 불이 탈 때 내는 열의 힘.

답 力

3 ③

4

기후 변화로 물 부족 현상이 심각하다는 뉴스를 봤어.
우리가 마시는 식수도 부족해지면 어떡하지?
식수가 부족해지지 않게 우리가 할 수 있는 일은 없을까?

□ 外食 ☑ 食水 □ 生氣 □ 氣力

5

自
力
寸
足
氣
食
立

조건 안경을 쓰고 반바지를 입은 손님

답 自 立

6
하루네 가족은 이번 주말에 외할아버지 댁을 가기로 하였습니다. 하루는 제일 먼저 가방에 모형 비행기 만들기를 챙겼습니다. 왜냐하면 외할아버지 댁에 가면 하루처럼 비행기를 좋아하는 엄마의 남자 형제가 있기 때문입니다.

□ 三寸
□ 外食
☑ 外三寸

7
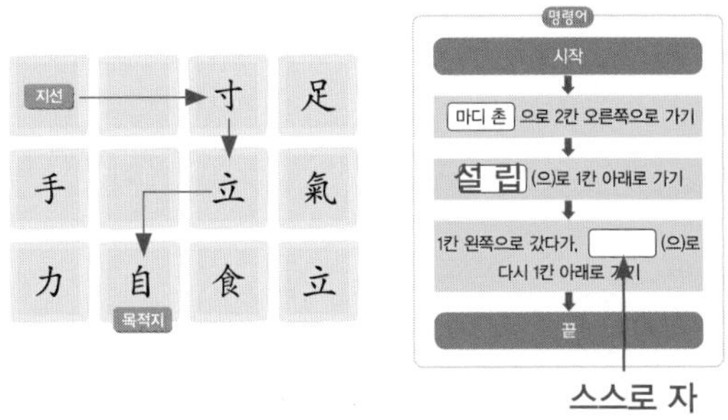

시작
寸
足
手
立
氣
力
自
食
立
목적지
명령어
시작
마디 촌 으로 2칸 오른쪽으로 가기
설 립 (으)로 1칸 아래로 가기
1칸 왼쪽으로 갔다가, (으)로 다시 1칸 아래로 가기
끝
스스로 자

8 ①

신유형•신경향•서술형 전략 78~81쪽

1 ❶

❷ 사내 남, 여자 녀

2 ❶ 명인

❷ 孝子

3 ❶ 手, 足

❷ ①

4 ❶ ①

❷ 식수

적중 예상 전략 1회 82~85쪽

01 남자	02 여자
03 사내 남	04 이름 명
05 ②	06 ①
07 ①	08 ②
09 ①	10 ②
11 ②	12 ①
13 ①	14 ②
15 ③	16 ①

적중 예상 전략 2회 86~89쪽

01 수족	02 기력
03 밥/먹을 식	04 마디 촌
05 ②	06 ①
07 ①	08 ②
09 ②	10 ①
11 ①	12 ②
13 ①	14 ②
15 ③	16 ①

교과 학습 한자어 전략 93쪽

1

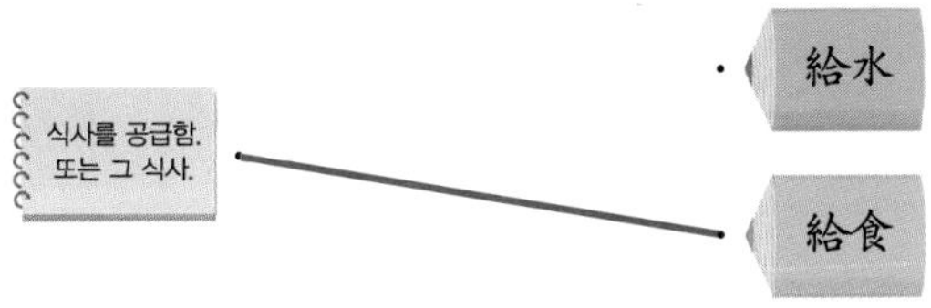
식사를 공급함. 또는 그 식사.
給水
給食

2

매매나 거래에 나타난 경제 활동의 상황.
운동이나 기술 등에서 재주나 능력을 서로 겨루는 일.

3

죄를 지은 사람.
罪人
名人

후편 1주 04일

급수 한자 돌파 전략 ❶ 한자 기초 확인 9, 11쪽

1

2

3

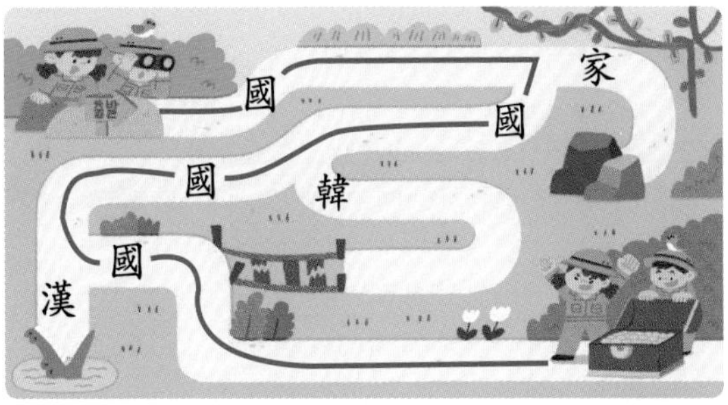

4

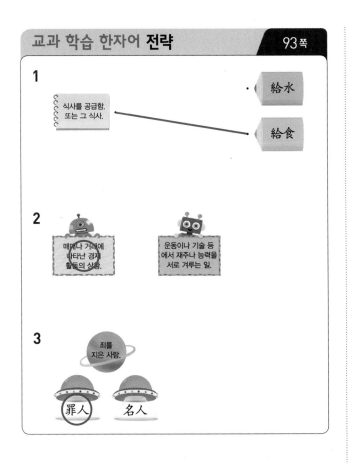

정답

급수 한자 돌파 전략 ❷ 12~13쪽

1

漢

(韓) ← 정답 표시

2

3

□ 韓 □ 國 V 家

4

國 — 한 / 국 (國 — 국 연결)

5

'韓'의 뜻과 음(소리)은 '나라 국'입니다.

예 / (아니요) ← 정답 표시

6

한수/한나라을/를 뜻하고, 한 (이)라고 읽습니다.

1주 02일

급수 한자 돌파 전략 ❶ 한자 기초 확인 15, 17쪽

1

(市) ← 정답 표시 巿

2

3

場 漢 (道) ← 정답 표시

4

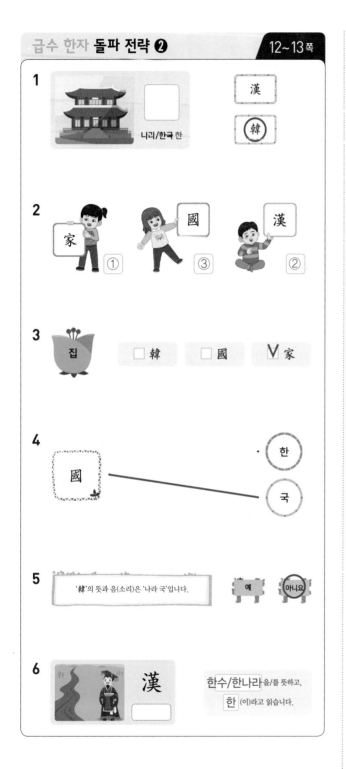

급수 한자 돌파 전략 ❷ 18~19쪽

1

☑ 저자 ☐ 편안

2

'安'은 '편안'을 뜻하고, '편'이라고 읽습니다.

예 / (아니요)

3

길을 걷다가 고양이를 만났습니다.

(道) 市

4

道: 저자 시 / (길 도)

場: 길 도 / (마당 장)

5

場 — 마당 — 장

市 — 저자(시장) — 시

6

편안 안

답 安

1주 03일

급수 한자어 대표 전략 ❷ 24~25쪽

1

'漢學(한학)'은 '한문을 연구하는 학문'을 뜻합니다.

(예) / 아니요

2

시(市)에 사는 사람. — 시민

시(市)의 예산으로 세우고 관리함. — 시립

3

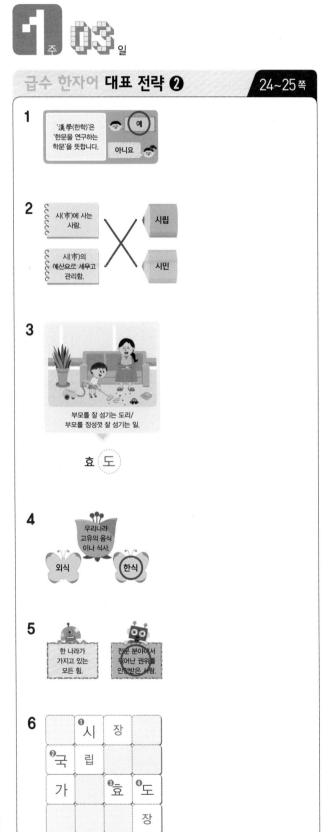

부모를 잘 섬기는 도리/부모를 정성껏 잘 섬기는 일.

효 도

4

우리나라 고유의 음식이나 식사.

외식 / (한식)

5

한 나라가 가지고 있는 모든 힘.

(전문 분야에서 뛰어난 권위를 인정받은 사람.)

6

	❶시	장	
❷국	립		
가		❸효	❹도
			장

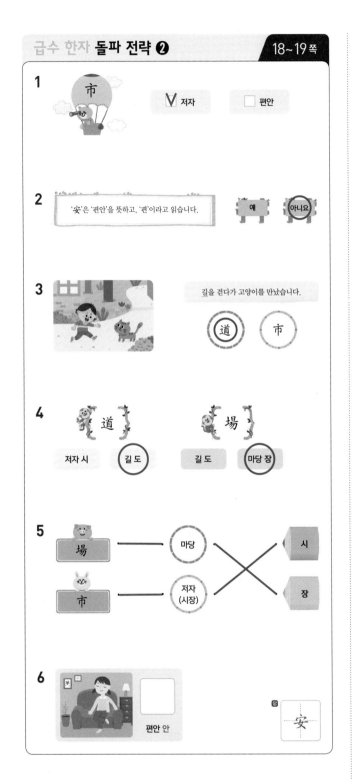

1주 04일

급수 시험 체크 전략 ❶ 26~29쪽

필수 예제 01
(1) 한식 (2) 대가

필수 예제 02
(1) 집 가 (2) 마당 장

필수 예제 03
(1) ① (2) ②

필수 예제 04
(1) ① (2) ③

급수 시험 체크 전략 ❷ 30~31쪽

1 국력

2 편안 안

3 ②

4 ②

5 길 도

6 ④

누구나 만점 전략 32~33쪽

01

02 (1) 편안 안 (2) 한국/나라 한

03 ②

04

05 도장

06 ②

07 ②

08 ①

창의•융합•코딩 전략 ❶ 34~35쪽

1 장안

2 市場

창의•융합•코딩 전략 ❷ 36~39쪽

1

2

漢學 (市民) 國立 市立

3

• 한자어의 음(소리) → (효도)

4

5

6 ①

7

문제

→ 長 安

8

2주 04일

급수 한자 돌파 전략 ❶ 한자 기초 확인 43, 45쪽

1

답 土

2

3

4

平 江 (海)

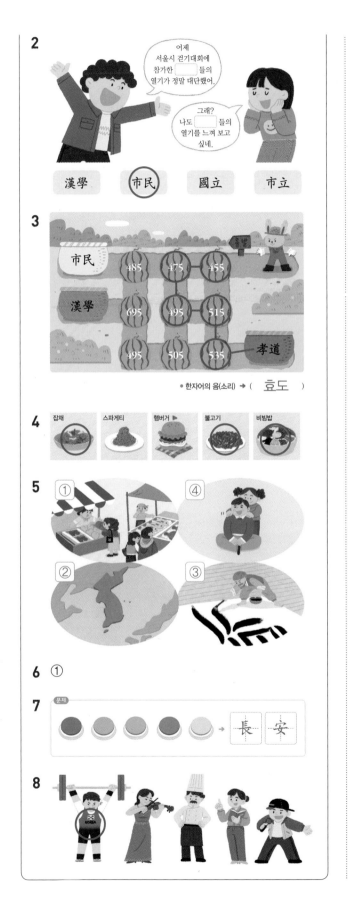

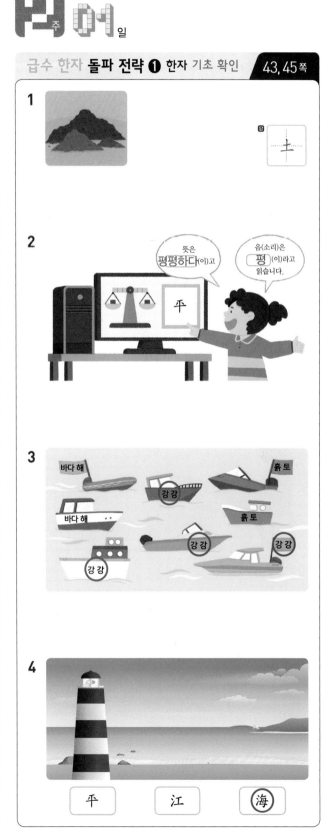

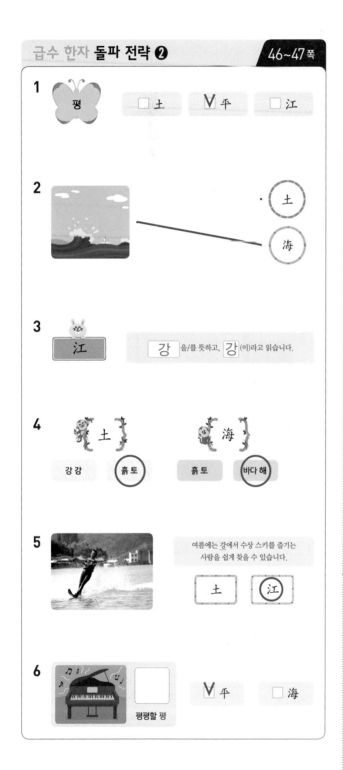

1
평 □ 土 ✔ 平 □ 江

2
· 土
海

3
江 | 강 을/를 뜻하고, 강 (이)라고 읽습니다.

4
土 | 강 강 (흙 토) | 海 | 흙 토 (바다 해)

5
여름에는 강에서 수상 스키를 즐기는 사람을 쉽게 찾을 수 있습니다.
土 (江)

6
✔ 平 □ 海
평평할 평

1
놀 때는 놀더라도 할 일은 하면서 놀아야지!
市 時 安

2
平 每
□ 때 시 | ✔ 매양 매

3

4
주의 사항
번개를 피하는 방법
1. 나무나 높은 건물에는 가지 않습니다.
2. 차 안에 그대로 있습니다.
3. 우산과 같은 금속 물체를 만지지 않습니다.
4. 물로부터 멀리 떨어져 있습니다.

氣 (電) 家

급수 한자 돌파 전략 ❷ 52~53쪽

1

□ 때 V 낮

2

뜻	음(소리)
□ 때	V 매
□ 낮	□ 시
V 매양	□ 오

3

열대야가 지속되는 여름철에는 電력 소비량이 급격히 증가합니다.

(전) 국

4

時 — 때 시

每 — 매양 매

낮 오 · 때 시 · 바다 해 · 매양 매

5

'午'는 '다섯'을 뜻하고, '오'라고 읽습니다.

예 (아니요)

6

V 時 □ 每 □ 午

2주 03일

급수 한자어 대표 전략 ❷ 58~59쪽

1

(평안)

2

(每日)

3

- 한 : 우리나라 중부를 흐르는 강.
- 산: 자연의 경치를 이르는 말.

□ 土 V 江

4

海軍

海女 — (선 연결)

5

(날짜와 시간.)

6

가	전
	기

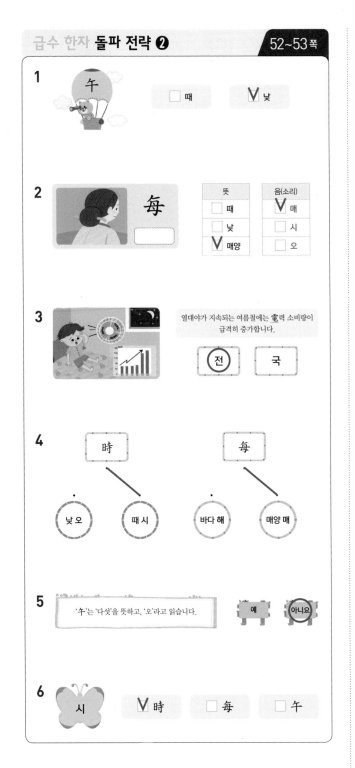

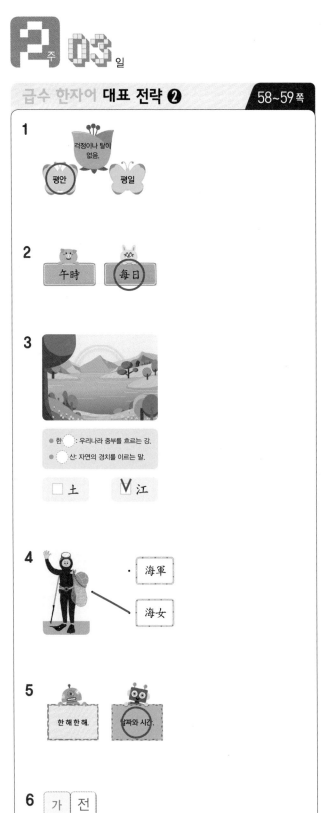

정답

2주 04일

급수 시험 체크 전략 ❶ 60~63쪽

필수 예제 01
(1) 한강 (2) 해녀

필수 예제 02
(1) 매양 매 (2) 때 시

필수 예제 03
(1) ① (2) ③

필수 예제 04
(1) ④ (2) ①

급수 시험 체크 전략 ❷ 64~65쪽

1 전기

2 평평할 평

3 ②

4 ③

5 ④

6 ②

누구나 만점 전략 66~67쪽

01

02 ②

03

04

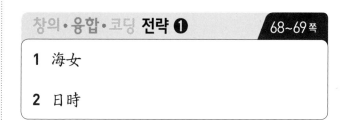

05 ①

06 낮, 오

07 ③

08 ②

창의・융합・코딩 전략 ❶ 68~69쪽

1 海女

2 日時

1　③

2

3
<조건>
🍎가 나오면 오른쪽으로 가세요.
🍌가 나오면 위로 가세요.
🍉가 나오면 오른쪽으로 가세요.

답: 每

4　②

5

江	每	時
平	土	
海	午	電

6　②

7

| 출발 | 52 國土 | 53 平安 | 55 漢江 | 56 海女 | 58 海軍 | 60 每日 | 61 午時 | 62 電氣 |

● 한자어의 음(소리) → (오시)

8

⊙ ✕ 海女
ⓛ 　 每年

1　❶ 國家
❷ ▲ → (시), ★ → (도), ● → (장)

2　❶ 중, 한
❷ 韓國

3　❶ 강 강, 채원/동훈/태희/하은
❷

미소네 반 학생들이 고른 한자 카드별 학생 수

한자 카드	土	平	江	海	電
학생 수(명)	3	3	5	4	3

4　❶ 매년, 전기
❷ ①

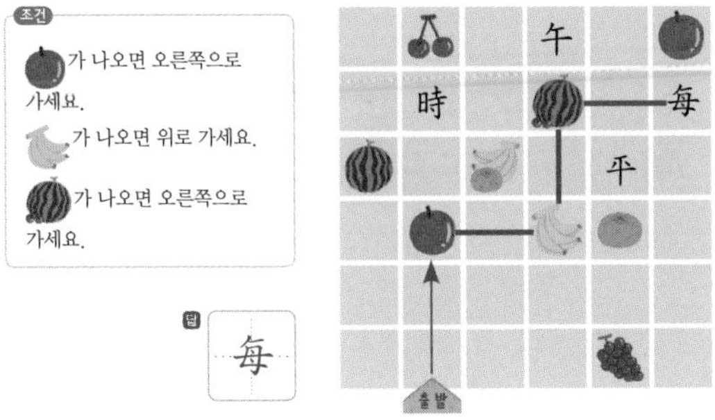

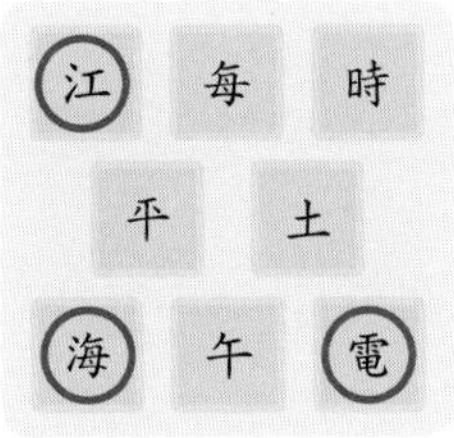

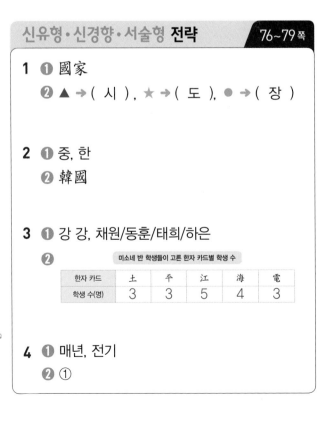

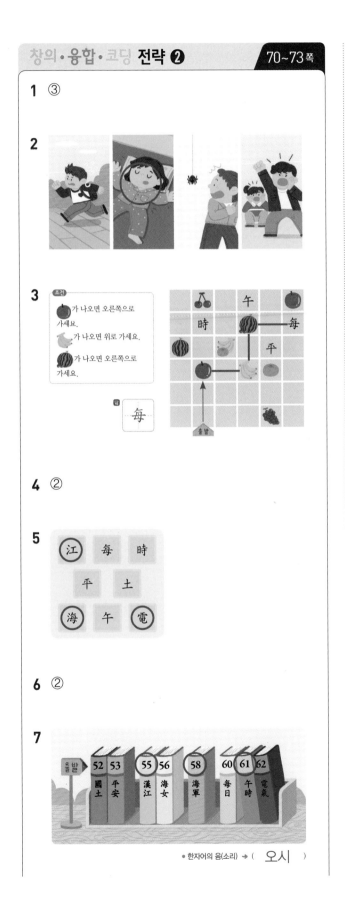

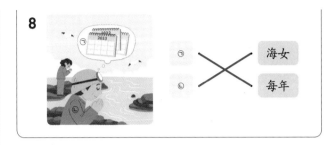

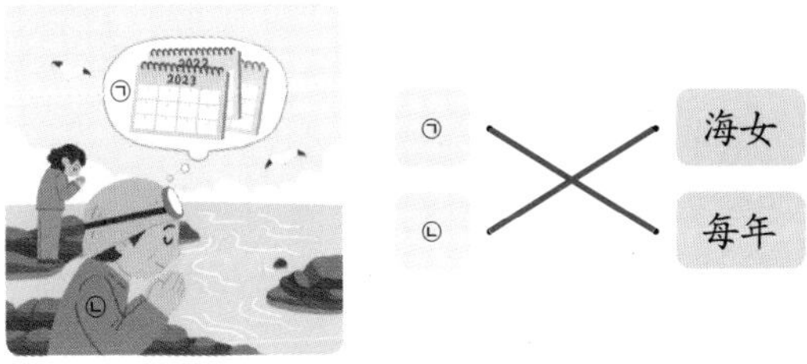

적중 예상 전략 1회   80~83쪽

01 시장	02 장안
03 마당 장	04 한수/한나라 한
05 ②	06 ①
07 ①	08 ②
09 ①	10 ②
11 ①	12 ②
13 ②	14 ①
15 ③	16 ①

적중 예상 전략 2회   84~87쪽

01 강산	02 매일
03 때 시	04 낮 오
05 ②	06 ①
07 ②	08 ①
09 ②	10 ①
11 ②	12 ①
13 ①	14 ②
15 ③	16 ③

교과 학습 한자어 전략   91쪽

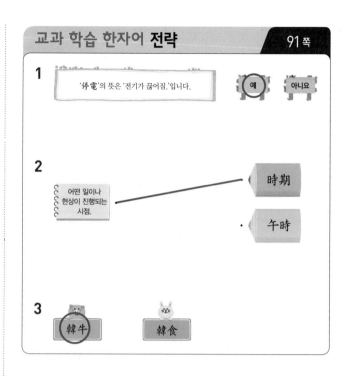

家 집 가 부수 宀 | 총 10획	丶 丷 宀 宀 宀 宇 宇 家 家 家
	家 家
	집 가 / 집 가

間 사이 간 부수 門 | 총 12획	丨 𠃌 ㄗ 戸 戸 門 門 門 門 間 間 間
	間 間
	사이 간 / 사이 간

江 강 강 부수 水(氵) | 총 6획	丶 氵 氵 氵 汀 江
	江 江
	강 강 / 강 강

車 수레 거|차 부수 車 | 총 7획	一 ┌ 冂 冂 百 亘 車
	車 車
	수레 거|차 / 수레 거|차

空 빌 공 부수 穴 | 총 8획	丶 丷 宀 宀 穴 空 空 空
	空 空
	빌 공 / 빌 공

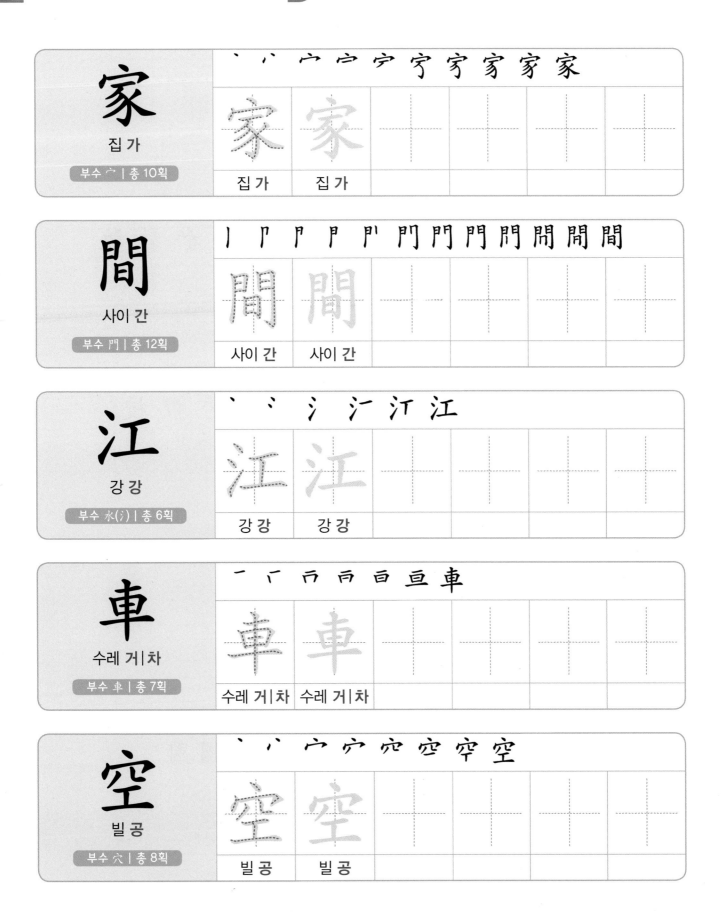

工	一 丁 工					
장인 공	工	工				
부수 工 | 총 3획	장인 공	장인 공				

敎	丿 乄 生 考 圭 考 孝 孝 孝 敎 敎					
가르칠 교	敎	敎				
부수 攵(攴) | 총 11획	가르칠 교	가르칠 교				

校	一 十 才 木 术 杧 栌 栌 校 校					
학교 교	校	校				
부수 木 | 총 10획	학교 교	학교 교				

九	丿 九					
아홉 구	九	九				
부수 乙(乚) | 총 2획	아홉 구	아홉 구				

國	丨 冂 冂 冃 同 同 同 國 國 國 國					
나라 국	國	國				
부수 囗 | 총 11획	나라 국	나라 국				

軍 군사 군 부수 車 | 총 9획	` ′ ′′ ′′′ ′′′′ 肎 宣 軍					
	軍	軍				
	군사 군	군사 군				

金 쇠 금|성 김 부수 金 | 총 8획	′ 人 人 仝 全 全 金 金					
	金	金				
	쇠 금|성 김	쇠 금|성 김				

記 기록할 기 부수 言 | 총 10획	` ′ ′′ ′′′ ′′′′ 言 言 記 記 記					
	記	記				
	기록할 기	기록할 기				

氣 기운 기 부수 气 | 총 10획	′ ′′ ′′′ 气 气 气 氧 氧 氣					
	氣	氣				
	기운 기	기운 기				

男 사내 남 부수 田 | 총 7획	` ′′ ′′′′ 冊 田 閂 男					
	男	男				
	사내 남	사내 남				

南　남녘 남　부수 十 | 총 9획
一 十 十 内 内 内 南 南 南
남녘 남　남녘 남

内　안 내　부수 入 | 총 4획
丨 冂 冈 内
안 내　안 내

女　여자 녀　부수 女 | 총 3획
く 女 女
여자 녀　여자 녀

年　해 년　부수 干 | 총 6획
ノ 仁 仁 牛 年 年
해 년　해 년

農　농사 농　부수 辰 | 총 13획
丨 冂 冃 冊 曲 曲 曲 严 严 严 農 農 農
농사 농　농사 농

答
대답 답
부수 竹(⺮) | 총 12획

丿 𠂉 𠂉 ⺮ ⺮ ⺮ 笁 笑 笒 笒 答 答

答	答				
대답 답	대답 답				

大
큰 대
부수 大 | 총 3획

一 ナ 大

大	大				
큰 대	큰 대				

道
길 도
부수 辵(⻌) | 총 13획

丶 丷 䒑 䒑 𦍌 肖 肖 首 首 首 道 道 道

道	道				
길 도	길 도				

東
동녘 동
부수 木 | 총 8획

一 丆 冂 冃 日 申 東 東

東	東				
동녘 동	동녘 동				

動
움직일 동
부수 力 | 총 11획

丿 二 千 台 台 旨 旨 重 重 動 動

動	動				
움직일 동	움직일 동				

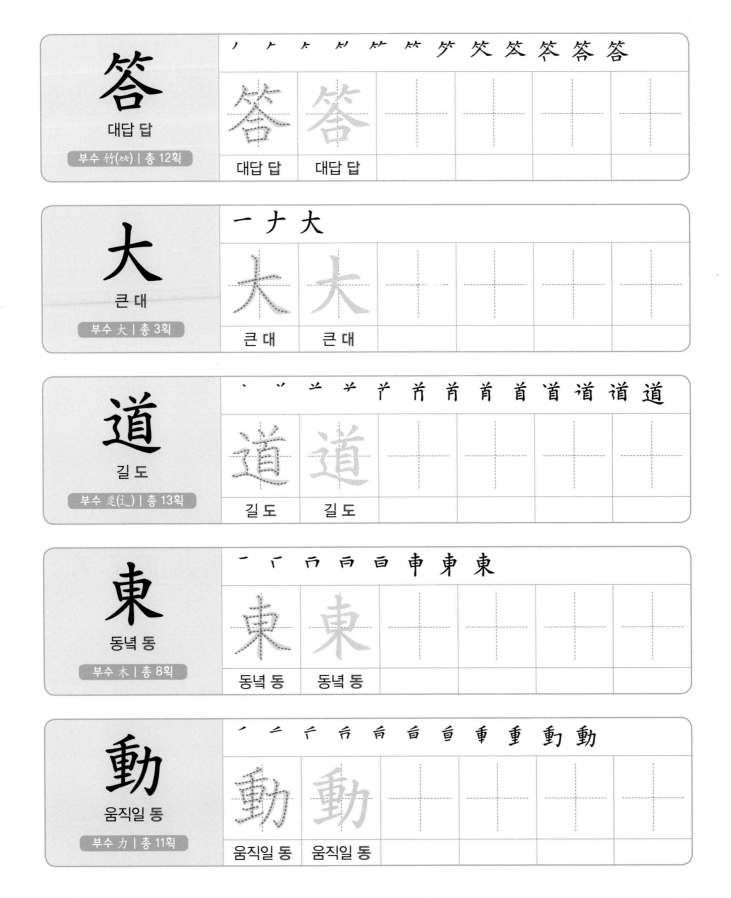

力

힘 력

부수 力 | 총 2획

𠃌 力

力	力				
힘 력	힘 력				

六

여섯 륙

부수 八 | 총 4획

丶 亠 六 六

六	六				
여섯 륙	여섯 륙				

立

설 립

부수 立 | 총 5획

丶 亠 亠 立 立

立	立				
설 립	설 립				

萬

일만 만

부수 艸(艹) | 총 13획

一 十 艹 艹 艹 节 苜 苜 苜 萬 萬 萬 萬

萬	萬				
일만 만	일만 만				

每

매양 매

부수 毋 | 총 7획

丿 𠂉 𠂉 每 每 每 每

每	每				
매양 매	매양 매				

名	ノ ク タ タ 名 名					
이름 명	名	名				
부수 口 | 총 6획	이름 명	이름 명				

母	ㄴ ㄊ 母 母 母					
어머니 모	母	母				
부수 母 | 총 5획	어머니 모	어머니 모				

木	一 十 才 木					
나무 목	木	木				
부수 木 | 총 4획	나무 목	나무 목				

門	ㅣ ㄌ ㄌ ㄌ ㄌ 門 門 門					
문 문	門	門				
부수 門 | 총 8획	문 문	문 문				

物	′ ′ ㅑ 牛 牜 物 物 物					
물건 물	物	物				
부수 牛(牜) | 총 8획	물건 물	물건 물				

民 백성 민 부수 氏 | 총 5획	ㄱ ㅋ 𠃍 𡰯 民					
	民	民				
	백성 민	백성 민				

方 모 방 부수 方 | 총 4획	丶 亠 亍 方					
	方	方				
	모 방	모 방				

白 흰 백 부수 白 | 총 5획	ノ 亻 白 白 白					
	白	白				
	흰 백	흰 백				

父 아버지 부 부수 父 | 총 4획	ノ 八 グ 父					
	父	父				
	아버지 부	아버지 부				

北 북녘 북 | 달아날 배 부수 匕 | 총 5획	丨 丬 丬 北 北					
	北	北				
	북녘 북|달아날 배	북녘 북|달아날 배				

不 아닐 불 부수 一 | 총 4획	一 丆 不 不					
	不	不				
	아닐 불	아닐 불				

四 넉 사 부수 囗 | 총 5획	丨 冂 冖 四 四					
	四	四				
	넉 사	넉 사				

事 일 사 부수 亅 | 총 8획	一 𠫔 ... 事					
	事	事				
	일 사	일 사				

山 메 산 부수 山 | 총 3획	丨 山 山					
	山	山				
	메 산	메 산				

三 석 삼 부수 一 | 총 3획	一 二 三					
	三	三				
	석 삼	석 삼				

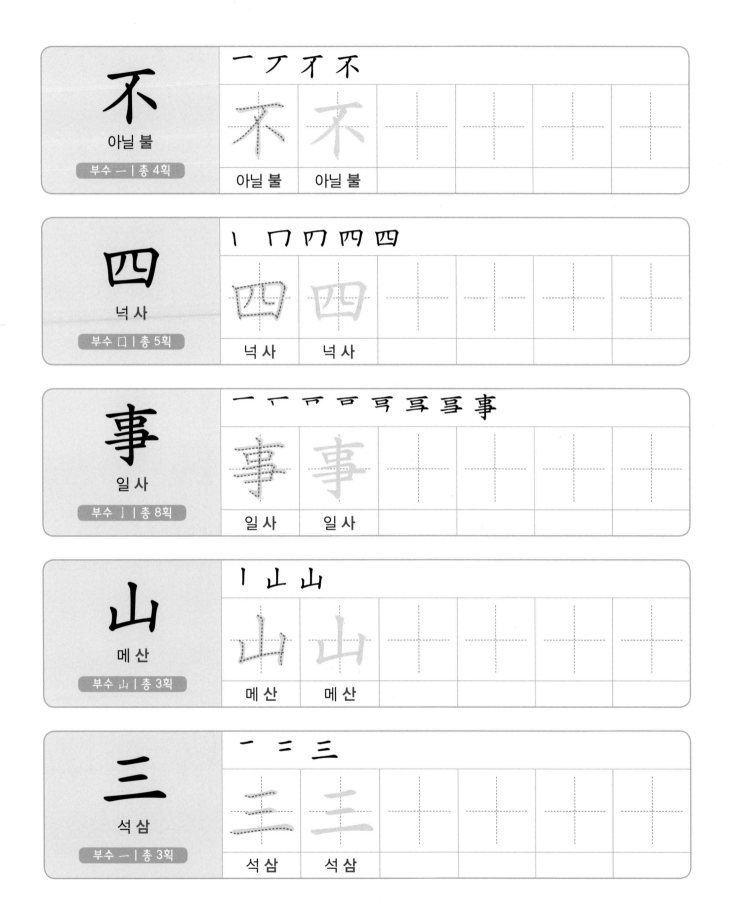

上	ㅣ 卜 上
윗 상	
부수 一 | 총 3획	윗 상 윗 상

生	ノ ／ ﾉ 牛 生
날 생	
부수 生 | 총 5획	날 생 날 생

西	一 丆 丏 丙 两 西
서녘 서	
부수 两 | 총 6획	서녘 서 서녘 서

先	ノ ／ ﾉ 牛 步 先
먼저 선	
부수 儿 | 총 6획	먼저 선 먼저 선

姓	く 女 女 女 如 奴 姓 姓
성 성	
부수 女 | 총 8획	성 성 성 성

世 인간 세 부수 一 | 총 5획	一 十 卄 廿 世					
	世	世				
	인간 세	인간 세				

小 작을 소 부수 小 | 총 3획	亅 小 小					
	小	小				
	작을 소	작을 소				

手 손 수 부수 手 | 총 4획	一 二 三 手					
	手	手				
	손 수	손 수				

水 물 수 부수 水 | 총 4획	亅 刁 水 水					
	水	水				
	물 수	물 수				

時 때 시 부수 日 | 총 10획	丨 冂 月 日 日 日 旪 旹 時 時					
	時	時				
	때 시	때 시				

市 저자 시 부수 巾 | 총 5획	丶 亠 亣 市 市					
	市	市				
	저자 시	저자 시				

食 밥/먹을 식 부수 食 | 총 9획	丿 人 𠆢 今 今 今 食 食 食					
	食	食				
	밥/먹을 식	밥/먹을 식				

室 집 실 부수 宀 | 총 9획	丶 丶 宀 宀 宀 宀 室 室 室					
	室	室				
	집 실	집 실				

十 열 십 부수 十 | 총 2획	一 十					
	十	十				
	열 십	열 십				

安 편안 안 부수 宀 | 총 6획	丶 丶 宀 安 安 安					
	安	安				
	편안 안	편안 안				

午 낮 오 부수 十 | 총 4획	丿 𠂉 𠂒 午					
	午	午				
	낮 오	낮 오				

五 다섯 오 부수 二 | 총 4획	一 丆 万 五					
	五	五				
	다섯 오	다섯 오				

王 임금 왕 부수 玉(王) | 총 4획	一 二 干 王					
	王	王				
	임금 왕	임금 왕				

外 바깥 외 부수 夕 | 총 5획	丿 ク 夕 夘 外					
	外	外				
	바깥 외	바깥 외				

右 오를/오른(쪽) 우 부수 口 | 총 5획	ノ ナ 𠂇 右 右					
	右	右				
	오를/오른(쪽) 우	오를/오른(쪽) 우				

月 달 월 부수 月 l 총 4획	ノ 刀 月 月					
	月 달 월	月 달 월				

二 두 이 부수 二 l 총 2획	一 二					
	二 두 이	二 두 이				

人 사람 인 부수 人 l 총 2획	ノ 人					
	人 사람 인	人 사람 인				

一 한 일 부수 一 l 총 1획	一					
	一 한 일	一 한 일				

日 날 일 부수 日 l 총 4획	l 刀 月 日					
	日 날 일	日 날 일				

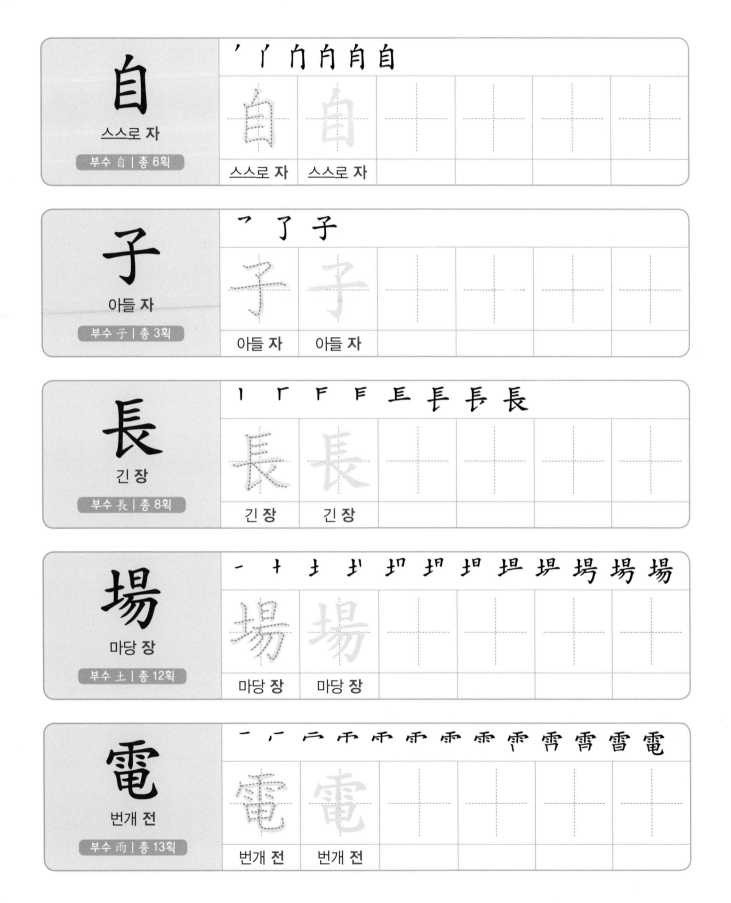

自	′ ′ ′ ′ ′ ′ ′ ′ ′ ′ 自					
스스로 자	自	自				
부수 自 | 총 6획	스스로 자	스스로 자				

子	′ 了 子					
아들 자	子	子				
부수 子 | 총 3획	아들 자	아들 자				

長	′ ′ ′ ′ ′ 툱 퇴 長 長					
긴 장	長	長				
부수 長 | 총 8획	긴 장	긴 장				

場	′ ′ ′ ′ ′ ′ ′ ′ ′ 場 場 場					
마당 장	場	場				
부수 土 | 총 12획	마당 장	마당 장				

電	′ ′ ′ ′ ′ ′ ′ ′ ′ ′ ′ ′ 電					
번개 전	電	電				
부수 雨 | 총 13획	번개 전	번개 전				

前
앞 전
부수 刀(刂) | 총 9획

丶 丷 䒑 产 屰 前 前 前 前

前	前				
앞 전	앞 전				

全
온전 전
부수 入 | 총 6획

丿 入 仐 今 全 全

全	全				
온전 전	온전 전				

正
바를 정
부수 止 | 총 5획

一 丅 下 正 正

正	正				
바를 정	바를 정				

弟
아우 제
부수 弓 | 총 7획

丶 丷 䒑 当 弚 弟 弟

弟	弟				
아우 제	아우 제				

足
발 족
부수 足 | 총 7획

丨 冂 口 尸 𠀆 𧾷 足

足	足				
발 족	발 족				

左	一 ナ ナ ナ 左					
왼 좌	左	左				
부수 工 l 총 5획	왼 좌	왼 좌				

中	` ＿ 口 口 中					
가운데 중	中	中				
부수 l l 총 4획	가운데 중	가운데 중				

直	一 十 广 古 古 直 直 直					
곧을 직	直	直				
부수 目 l 총 8획	곧을 직	곧을 직				

靑	一 二 ＝ 主 青 青 青 青					
푸를 청	青	青				
부수 靑 l 총 8획	푸를 청	푸를 청				

寸	一 寸 寸					
마디 촌	寸	寸				
부수 寸 l 총 3획	마디 촌	마디 촌				

七 일곱 칠 부수 一 | 총 2획	一 七					
	七	七				
	일곱 칠	일곱 칠				

土 흙 토 부수 土 | 총 3획	一 十 土					
	土	土				
	흙 토	흙 토				

八 여덟 팔 부수 八 | 총 2획	ノ 八					
	八	八				
	여덟 팔	여덟 팔				

平 평평할 평 부수 干 | 총 5획	一 ㇀ 丷 丷 平					
	平	平				
	평평할 평	평평할 평				

下 아래 하 부수 一 | 총 3획	一 丅 下					
	下	下				
	아래 하	아래 하				

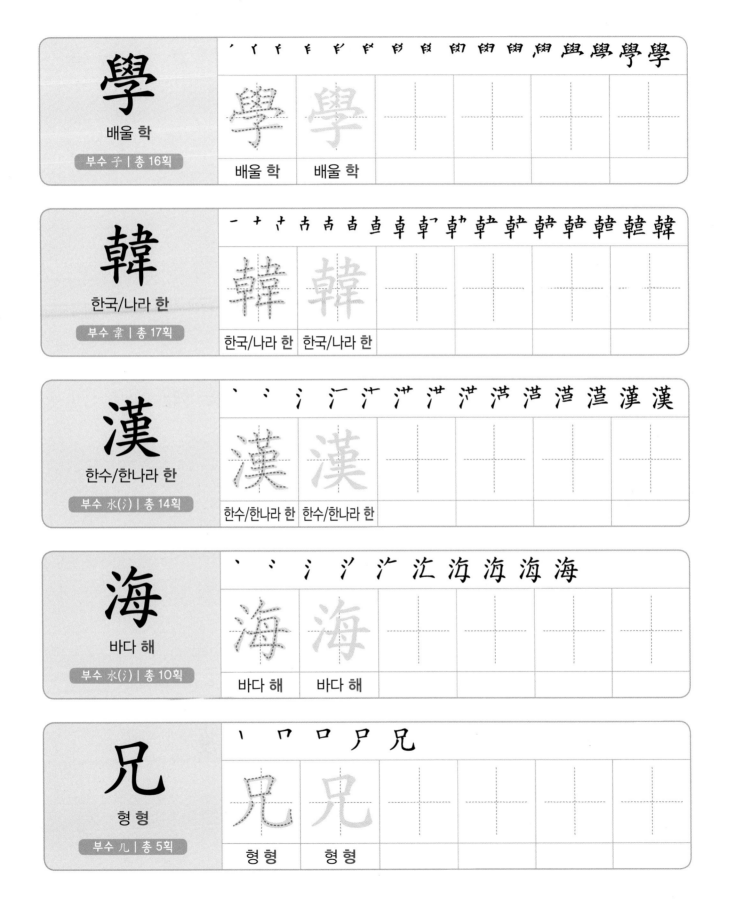

學	` ´ ʳ ʳ ʳ ʳ ㆍ ㆍ ㆍ ㆍ ㆍ 學 學 學 學
배울 학	學 學
부수 子 | 총 16획	배울 학 | 배울 학

韓	一 十 十 ㅁ ㅁ ㅁ ㅁ 卓 卓 卓 韓 韓 韓 韓 韓 韓 韓
한국/나라 한	韓 韓
부수 韋 | 총 17획	한국/나라 한 | 한국/나라 한

漢	` ` ` ⺡ ⺡ ⺡ ⺡ ⺡ 漢 漢 漢 漢 漢 漢
한수/한나라 한	漢 漢
부수 水(氵) | 총 14획	한수/한나라 한 | 한수/한나라 한

海	` ` ` ⺡ ⺡ ⺡ 海 海 海 海
바다 해	海 海
부수 水(氵) | 총 10획	바다 해 | 바다 해

兄	` ⺊ ㅁ ㅁ 尸 兄
형 형	兄 兄
부수 儿 | 총 5획	형 형 | 형 형

話 말씀 화 부수 言 | 총 13획	` ` ` ` ` ` ` ` ` ` ` ` 話 話

	話	話				
	말씀 화	말씀 화				

火 불 화 부수 火 | 총 4획	` ` ` 少 火

	火	火				
	불 화	불 화				

活 살 활 부수 水(氵) | 총 9획	` ` ` 氵 氵 汒 汪 活 活

	活	活				
	살 활	살 활				

孝 효도 효 부수 子 | 총 7획	一 十 土 耂 耂 孝 孝

	孝	孝				
	효도 효	효도 효				

後 뒤 후 부수 彳 | 총 9획	` ` 彳 彳 彳 社 社 徉 後

	後	後				
	뒤 후	뒤 후				

한자능력검정시험 7급Ⅱ 모의평가 문제지

7級Ⅱ	*** 7급과 7급Ⅱ는 서로 다른 급수입니다. 반드시 지원 급수를 다시 확인하세요.***		
	60문항	50분 시험	시험일자 : 20○○. ○○. ○○
	* 성명과 수험번호를 쓰고 문제지와 답안지는 함께 제출하세요.		
	성명 ______	수험번호 □□□-□□-□□□□□	

[문제 1~22] 다음 밑줄 친 漢字語한자어**의 音**(음: 소리)**을 쓰세요.**

〈보기〉
漢字 ➔ 한자

[1] 긴 겨울이 지나면 봄의 따스한 볕이 온 <u>江山</u>에 비칩니다.

[2] 한집안의 <u>家長</u> 노릇을 하기가 그리 쉬운 일이 아닙니다.

[3] 오늘 야구 경기에서 <u>場外</u> 홈런이 나왔습니다.

[4] 계절이 바뀌어 밤 <u>空氣</u>가 아주 찹니다.

[5] 할아버지께서는 <u>食事</u> 예절을 매우 중요하게 생각하십니다.

[6] 외국에서 <u>韓國</u> 상품의 인기가 올라가고 있습니다.

[7] 오늘 <u>正午</u>에 내가 만든 앱 배포를 시작합니다.

[8] 우리 엄마는 채소를 꼭 재래 <u>市場</u>에서 사 오십니다.

[9] <u>平日</u>에도 버스 전용 차로를 지켜야 하는 구간이 있습니다.

[10] 아버지의 <u>弟子</u>가 성공하여 집에 인사를 왔습니다.

[11] <u>漢江</u>에는 서울의 역사가 담겨 있습니다.

[12] 여름철이 되자 <u>電力</u> 소비량이 급격히 증가했습니다.

[13] 디지털 시대에 필요한 전문 <u>人力</u>을 길러야 합니다.

[14] 지진이 발생한 지역에서는 <u>食水</u>가 부족하여 어려움을 겪게 됩니다.

▶ 자르는 선

〈계속〉

[15] 시상자의 짧은 <u>手話</u>가 많은 사람에게 감동을 주었습니다.

[16] 생선 가시는 <u>食道</u>에 걸리지 않도록 소심해야 합니다.

[17] 우리 오빠는 <u>海軍</u>에 지원하였습니다.

[18] 오랜 시간 줄을 서서 기다린 끝에 <u>立場</u> 할 수 있었습니다.

[19] 데이터가 <u>自動</u>으로 저장되는 장치가 있어 큰 피해를 막았습니다.

[20] 여권을 만들기 위해 한글 <u>姓名</u>을 영문으로 바꾸었습니다.

[21] 이 지역의 <u>名物</u>로 참외를 꼽을 수 있습니다.

[22] 우리 <u>母女</u>는 우리 동네 해결사입니다.

[문제 23~42] 다음 漢字한자의 訓(훈: 뜻)과 音(음: 소리)을 쓰세요.

〈보기〉

漢 → 한나라 한

[23] 家

[24] 國

[25] 男

[26] 姓

[27] 平

[28] 道

[29] 每

[30] 孝

[31] 氣

[32] 自

[33] 土

[34] 生

◀ 자르는 선

〈계속〉

[35] 寸

[36] 時

[37] 安

[38] 子

[39] 人

[40] 力

[41] 場

[42] 足

[문제 43~44] 다음 밑줄 친 漢字語한자어를 〈보기〉에서 골라 그 번호를 쓰세요.

〈보기〉

① 全國	② 安全
③ 每年	④ 每事

[43] 작업장의 <u>안전</u>사고 예방 활동 캠페인이 시작되었습니다.

[44] 지구의 기온이 <u>매년</u> 조금씩 상승하고 있습니다.

[문제 45~54] 다음 訓(훈: 뜻)과 音(음: 소리)에 맞는 漢字한자를 〈보기〉에서 골라 그 번호를 쓰세요.

〈보기〉

① 名	② 午	③ 漢	④ 海	⑤ 食
⑥ 電	⑦ 手	⑧ 市	⑨ 孝	⑩ 立

[45] 이름 명

[46] 저자 시

[47] 손 수

[48] 바다 해

[49] 설 립

[50] 낮 오

[51] 효도 효

[52] 한수/한나라 한

[53] 번개 전

[54] 밥/먹을 식

▶ 자르는 선

〈계속〉

[문제 55~56] 다음 漢字한자의 상대 또는 반대되는 漢字한자를 〈보기〉에서 골라 그 번호를 쓰세요.

〈보기〉

① 先 ② 子 ③ 内 ④ 女

[55] ( ) ↔ 男

[56] ( ) ↔ 外

[문제 57~58] 다음 뜻에 맞는 漢字語한자어를 〈보기〉에서 찾아 그 번호를 쓰세요.

〈보기〉

① 國力 ② 姓名
③ 人名 ④ 國家

[57] 성과 이름을 이르는 말.

[58] 한 나라가 지닌 정치, 경제, 문화, 군사 따위의 모든 방면에서의 힘.

[문제 59~60] 다음 漢字한자의 진하게 표시한 획은 몇 번째 쓰는지 〈보기〉에서 찾아 그 번호를 쓰세요.

〈보기〉

① 첫 번째 ② 두 번째
③ 세 번째 ④ 네 번째
⑤ 다섯 번째 ⑥ 여섯 번째
⑦ 일곱 번째 ⑧ 여덟 번째

[59]

( )

[60]

( )

♣ 수고하셨습니다.

〈끝〉

◀ 자르는 선

한자능력검정시험 7급Ⅱ 모의평가 답안지

| 수험번호 | □□□-□□-□□□□ | 성명 | □□□□□ |

생년월일 □□□□□□

※ 유성 사인펜, 붉은색 필기구 사용 불가.
※ 답안지는 컴퓨터로 처리되므로 구기거나 더럽히지 마시고, 정답 칸 안에만 쓰십시오. 글씨가 채점란으로 들어오면 오답 처리가 됩니다.

한자능력검정시험 7급Ⅱ 모의평가 답안지(1)

번호	정답	1검	2검	번호	정답	1검	2검
1				14			
2				15			
3				16			
4				17			
5				18			
6				19			
7				20			
8				21			
9				22			
10				23			
11				24			
12				25			
13				26			

감독위원	채점위원(1)		채점위원(2)		채점위원(3)	
(서명)	(득점)	(서명)	(득점)	(서명)	(득점)	(서명)

※ 뒷면으로 이어짐.

※ 본 답안지는 컴퓨터로 처리되므로 구겨지거나 더럽혀지지 않도록 조심하시고 글씨를 칸 안에 또박또박 쓰십시오.

한자능력검정시험 7급Ⅱ 모의평가 답안지(2)

답안란		채점란		답안란		채점란	
번호	정답	1검	2검	번호	정답	1검	2검
27				44			
28				45			
29				46			
30				47			
31				48			
32				49			
33				50			
34				51			
35				52			
36				53			
37				54			
38				55			
39				56			
40				57			
41				58			
42				59			
43				60			

◀ 자르는 선

[한자능력검정시험 7급Ⅱ 모의평가 정답]

수험번호 □□□-□□-□□□□□ 성명 □□□□□

생년월일 □□□□□□

※ 유성 사인펜, 붉은색 필기구 사용 불가.

※ 답안지는 컴퓨터로 처리되므로 구기거나 더럽히지 마시고, 정답 칸 안에만 쓰십시오. 글씨가 채점란으로 들어오면 오답 처리가 됩니다.

한자능력검정시험 7급Ⅱ 모의평가 답안지(1)

답안란		채점란		답안란		채점란	
번호	정답	1검	2검	번호	정답	1검	2검
1	강산			14	식수		
2	가장			15	수화		
3	장외			16	식도		
4	공기			17	해군		
5	식사			18	입장		
6	한국			19	자동		
7	정오			20	성명		
8	시장			21	명물		
9	평일			22	모녀		
10	제자			23	집 가		
11	한강			24	나라 국		
12	전력			25	사내 남		
13	인력			26	성 성		

감독위원	채점위원(1)		채점위원(2)		채점위원(3)	
(서명)	(득점)	(서명)	(득점)	(서명)	(득점)	(서명)

▶ 자르는 선

※ 뒷면으로 이어짐.

※ 본 답안지는 컴퓨터로 처리되므로 구겨지거나 더렵혀지지 않도록 조심하시고 글씨를 칸 안에 또박또박 쓰십시오.

한자능력검정시험 7급Ⅱ 모의평가 답안지(2)

답안란		채점란		답안란		채점란	
번호	정답	1검	2검	번호	정답	1검	2검
27	평평할 평			44	③ 每年		
28	길 도			45	① 名		
29	매양 매			46	⑧ 市		
30	효도 효			47	⑦ 手		
31	기운 기			48	④ 海		
32	스스로 자			49	⑩ 立		
33	흙 토			50	② 午		
34	날 생			51	⑨ 孝		
35	마디 촌			52	③ 漢		
36	때 시			53	⑥ 電		
37	편안 안			54	⑤ 食		
38	아들 자			55	④ 女		
39	사람 인			56	③ 內		
40	힘 력			57	② 姓名		
41	마당 장			58	① 國力		
42	발 족			59	⑦		
43	② 安全			60	⑥		

◀ 자르는 선

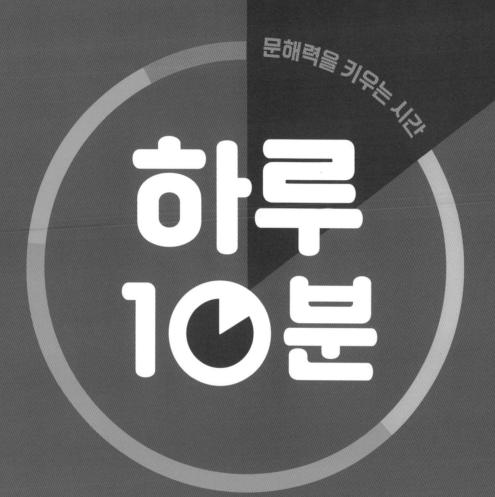

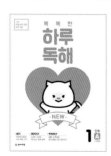

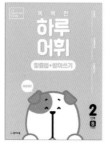

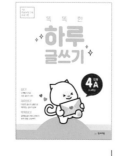

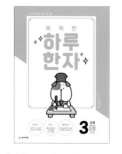

정답은
이안에
있어!

수학 전문 교재

●연산 학습

빅터연산	예비초~6학년, 총 20권
창의융합 빅터연산	예비초~4학년, 총 16권

●개념 학습

개념클릭 해법수학	1~6학년, 학기용

●수준별 수학 전문서

해결의법칙(개념/유형/응용)	1~6학년, 학기용

●단원평가 대비

수학 단원평가	1~6학년, 학기용

●단기완성 학습

초등 수학전략	1~6학년, 학기용

●상위권 학습

최고수준 S 수학	1~6학년, 학기용
최고수준 수학	1~6학년, 학기용
최강 TOT 수학	1~6학년, 학년용

●경시대회 대비

해법 수학경시대회 기출문제	1~6학년, 학기용

예비 중등 교재

●해법 반편성 배치고사 예상문제	6학년
●해법 신입생 시리즈(수학/영어)	6학년

맞춤형 학교 시험대비 교재

●열공 전과목 단원평가	1~6학년, 학기용(1학기 2~6년)

한자 교재

●한자능력검정시험 자격증 한번에 따기	8~3급, 총 9권
●씽씽 한자 자격시험	8~5급, 총 4권
●한자 전략	8~5급Ⅱ, 총 12권

똑똑한 하루 한자

예비초 A, B

1단계 A, B, C

2단계 A, B, C

3단계 A, B, C

4단계 A, B, C

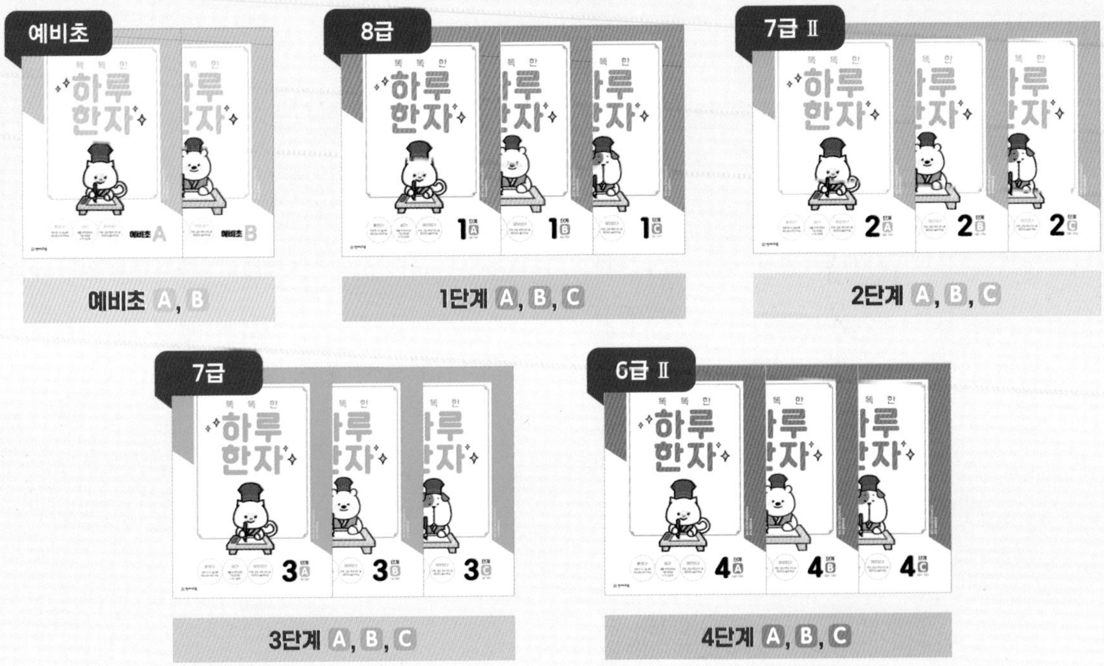

(사)한자교육진흥회 주관 한자실력급수 자격시험 대비

씽씽 한자 자격시험

• 권장 학년: [8급] 초등 1학년 [7급] 초등 2,3학년
  [6급] 초등 4,5학년 [5급] 초등 6학년

(사)한국어문회 주관 한자능력검정시험 대비

자격증 한번에 따기

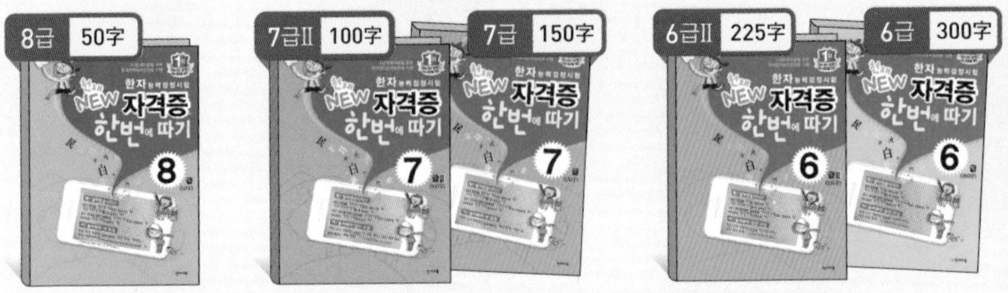

• 권장 학년: 초등 1학년   • 권장 학년: 초등 2, 3학년   • 권장 학년: 초등 4, 5학년

• 권장 학년: 초등 6학년   • 권장 학년: 중학생   • 권장 학년: 고등학생